MÉMOIRES

DES

SANSON

TOME PREMIER

SEPT GÉNÉRATIONS D'EXÉCUTEURS

1688 – 1847

MÉMOIRES
DES
SANSON

MIS EN ORDRE, RÉDIGÉS ET PUBLIÉS

PAR

H. SANSON

ANCIEN EXÉCUTEUR DES HAUTES ŒUVRES DE LA COUR DE PARIS

> JOSHUA. — Vois-tu, Gilbert, l'homme qui sait le mieux l'histoire de ce temps-ci, c'est le guichetier de la Tour de Londres.
> SIMON RENARD — Vous vous trompez, mon maître, c'est le bourreau!
> VICTOR HUGO. — *Marie Tudor*, journée 1, scène II.

PARIS

DUPRAY DE LA MAHÉRIE ET Cⁱᵉ, ÉDITEURS

14, RUE D'ENGHIEN, 14

1862

INTRODUCTION

Le 18 mars 1847, je rentrais chez moi fatigué d'une de ces longues promenades dans lesquelles je ne cherchais que les endroits solitaires pour y ensevelir mes tristes rêveries et l'obsession constante de mon esprit. J'avais à peine franchi le seuil de l'hôtel, et la vieille grille, qui s'ouvrait si rarement, retombait de tout son poids, en grinçant sur ses gonds rouillés, quand le concierge me remit une lettre.

Je reconnus de suite ce large pli et ce large sceau dont l'aspect m'avait toujours fait frissonner d'épouvante et de douleur; je pris en tremblant le message, et, m'attendant à y trouver un de ces ordres funèbres auxquels ma terrible consigne me faisait un devoir d'obéir, je montai péniblement les marches du perron de mon hôtel.

Arrivé dans mon cabinet, je rompis avec désespoir ce pli fatal qui devait renfermer quelque mission de mort à remplir; j'ouvris la lettre :

C'ÉTAIT MA RÉVOCATION !!!

Un sentiment étrange et indéfinissable s'empara de moi. Je relevai les yeux sur les portraits de mes ancêtres; je parcourus toutes ces figures sombres, méditatives, sur lesquelles se lisait cette même pensée qui avait jusquelà flétri mon existence ; je regardai mon grand-père, en costume de chasse, mélancoliquement appuyé sur le canon de son fusil, et flattant de la main son chien, le seul ami peut-être qu'il lui eût été donné d'avoir.

Je regardai mon père, grave, tenant son chapeau à la main et couvert du lugubre vêtement de deuil qu'il n'avait jamais quitté. Il me semblait faire part, à tous ces témoins muets, du terme de la fatalité qui avait pesé sur leur race et les associer à ce que j'allais faire.

Alors, tirant le cordon d'une sonnette, je me fis apporter une cuvette et de l'eau, et là, seul, devant Dieu qui voit au fond des cœurs et dans les replis les plus cachés de la conscience, je lavai solennellement ces mains que le sang de mes semblables ne devait plus souiller.

Je me rendis ensuite à l'appartement de ma mère, une pauvre sainte femme, car nous trouvions des femmes, nous !

Les loups et les seigneurs n'ont-ils pas leur famille !

Je crois la voir encore dans le vieux fauteuil de velours d'Utrecht d'où elle ne se levait plus que difficilement. Je déposai sur ses genoux la missive de M. le ministre de la Justice. Elle la lut, puis tournant vers moi ses bons yeux dans lesquels j'avais si souvent puisé toute ma force et mon courage :

— Béni soit ce jour, mon fils! me dit-elle. Il vous retire enfin la mauvaise part de l'héritage de vos pères; vous jouirez en paix du reste, et peut-être la Providence n'arrêtera-t-elle pas là ses dons...

Puis, comme je restais encore muet, suffoqué par une émotion dans laquelle la joie allait enfin se faire jour,

— D'ailleurs, ajouta-t-elle, il fallait bien que cela finît. Vous êtes le dernier de votre race. Le ciel ne vous a donné que des filles; je l'en ai toujours remercié.

Le lendemain, dix-huit compétiteurs se disputaient ma sanglante succession, et leurs placets, revêtus des plus hautes apostilles, couraient les antichambres ministérielles. On voit que je ne fus pas difficile à remplacer.

Quant à moi, ma résolution était déjà prise.

Je me hâtai de vendre ce vieil hôtel, peuplé de si tristes souvenirs, où sept générations des miens avaient vécu parquées dans l'opprobre et l'ignominie; mes chevaux, mon équipage sur lequel, en manière d'armes parlantes, une cloche fêlée tenait la place d'un écusson contemporain des croisades. J'éloignai de moi, en un mot, tout ce qui pouvait y entretenir ou réveiller le souvenir du passé; puis, secouant à la porte la poussière de mes souliers, je sortis pour toujours de cette demeure héréditaire où, comme mes ancêtres, je n'avais pu goûter ni la paix des jours, ni le repos des nuits.

Sans le grand âge et les infirmités de ma mère, que depuis mon enfance j'entourais d'autant de vénération que d'amour, je serais parti pour le nouveau monde. Ce n'eût pas été trop que l'immensité des mers à mettre entre moi et l'Europe, où j'avais rempli de si tristes fonctions dans celle de ses sociétés qui passe pour la plus civilisée. L'Amérique, avec ses États naissants, ses lois à peine écrites, ses mœurs primitives, ses villes improvisées, ses dernières tribus de sauvages expirant sous les envahissements de la civilisation, ses vastes solitudes, ses forêts vierges et ses fleuves immenses dont j'avais lu, dans Chateaubriand et dans Cooper, de si poétiques récits, tout cela m'attirait invinciblement. Il me semblait que c'était la terre promise des régénérations, et qu'en y débarquant sous un autre nom que celui auquel s'attachait une si funeste célébrité, je pouvais espérer d'y renaître à une seconde vie, et de conquérir des lettres de naturalisation de citoyen libre et actif d'un grand pays.

La lecture du récent ouvrage de MM. Gustave de Beaumont et Alexis de Tocqueville, sur cette nation, qu'ils représentaient comme l'asile de la liberté, ne contribuait pas peu à m'affermir dans cette idée, et il n'était guère possible de prévoir à cette époque la lutte fratricide qui ensanglante aujourd'hui la patrie de Washington. Mon père était mort depuis sept ans. J'avais eu le bonheur d'établir mes deux filles. Les pauvres enfants! je dois ici taire les noms sous lesquels elles ont pu cacher celui de leur malheureux père, car je ne veux point appeler la rougeur de la honte sur leurs fronts innocents.

Mais un lien plus puissant que toutes les séductions me retenait à Paris. Ma mère, plus que septuagénaire, et qui eût voulu m'accompagner, si j'avais commis l'imprudence de lui parler de mon désir, n'aurait jamais pu supporter un si long voyage. Je devais donc rester près d'elle pour lui continuer les soins auxquels je l'avais habituée, veiller sur sa vieillesse adorée et fermer en paix ces yeux qui s'étaient si souvent mouillés de larmes.

Hélas! cette dernière douleur ne m'était que trop tôt réservée. Moins de trois ans après l'incident de ma révocation, j'eus l'irréparable malheur de voir partir pour la patrie des saintes et des anges la digne et vénérable femme qui m'avait mis deux fois au monde : en me portant dans son sein et en me communiquant, par la sagesse de ses conseils et l'exemple de ses vertus, la résignation nécessaire pour supporter mon triste sort.

Ce fut un coup terrible pour moi et qui anéantit pendant longtemps l'énergie que j'avais senti se réveiller à la nouvelle de ma révocation. Le temps avait marché depuis ; j'avais atteint cet âge où l'homme ne peut plus nourrir l'illusion de recommencer la vie. Je renonçai définitivement à l'intention de m'expatrier.

Cependant, je me hâtai de quitter Paris et de faire choix d'une retraite si sûre et si profonde, que rien ne vînt m'y rappeler le triste emploi des belles années de ma jeunesse et de celles de mon âge mûr. J'y suis enseveli depuis douze ans, sous un nom qui n'est pas le mien, jouissant avec une secrète honte d'amitiés que je me reproche d'usurper et que je tremble à chaque instant de voir s'évanouir par la découverte de mon incognito ; enfin n'osant aimer moi-même sans remords que quelques animaux, compagnons de ma solitude et auxquels (qu'on me pardonne cette sensibilité pythagoricienne) je donne des soins affectueux pour me consoler d'avoir eu le triste courage d'étouffer le cri de l'humanité lorsqu'il s'est agi de mes semblables.

Eh bien, vaines précautions de notre pauvre sagesse ! c'est dans cette retraite obscure, où je voulais fuir jusqu'à mes souvenirs, que je les sens revivre au contraire et m'accabler de tout leur poids. C'est là que, sexagénaire, fatigué de la vie, dont je n'ai jamais connu les douceurs sans un affreux mélange d'amertume, j'ai cédé à la plus étrange, à la plus vertigineuse tentation qui pût s'emparer de mon esprit, celle d'écrire le livre dont ces pages sont le frontispice.

L'oisiveté et la solitude sont de mauvais refuges pour l'imagination qui cherche à se dérober à elle-même : je n'ai pu supporter un plus long tête-à-tête avec ma pensée. Obsédé de mille réflexions qui me ramenaient toutes à la fatale prédestination de ma naissance, au premier emploi de ma vie, je me reportais involontairement à l'époque où une aventure, dont on aura plus loin le récit, et qui, malgré sa réalité, semble par son côté romanesque toucher aux fictions habituelles de notre littérature, fit entrer dans ma famille, l'horrible héritage que, grâce à Dieu, je n'ai eu à transmettre à aucun des miens. Je me représentais cette suite d'aïeux parmi lesquels même un enfant de sept ans n'avait pu trouver grâce. Mon bisaïeul, Charles-Jean-Baptiste Sanson, né à Paris le 19 avril 1719, succéda à son père, le 2 octobre 1726, et comme il n'était pas possible qu'un enfant de cet âge pût remplir par lui-même le sinistre office dont il était pourvu, le Parlement lui donna pour suppléant un questionnaire nommé Prudhomme, mais en exigeant, toutefois, qu'il assistât aux exécutions, qui comportaient alors, comme on sait, d'abominables supplices, pour les sanctionner légalement par sa présence. N'est-ce pas quelque chose digne de remarque que cette minorité et cette régence dans l'histoire de l'Echafaud !

Je pensais à mon grand-père, revêtu de cette robe de Nessus, à l'époque inouïe pour laquelle le mot de Terreur semble un nom trop doux, obligé de promener le niveau sanglant de la hache sur les têtes les plus nobles comme les plus coupables, n'ayant plus même, pour s'affermir dans sa tâche, cette horreur du crime et ce mépris de la victime qui, pour moi, je le déclare, ne sont jamais parvenus à étouffer le cri du cœur et les murmures de la conscience. Je me représentais donc ce vieillard dont il m'a été donné d'apercevoir la pâle figure dans mon enfance, remplissant avec l'impassibilité du destin, au milieu de la lutte des partis qui s'entre-dévoraient, son implacable mission; voyant immoler aujourd'hui les vainqueurs de la veille et demain ceux d'aujourd'hui; mandataire de cette furie de la mort qui fût le signe le plus caractéristique de cet incroyable moment de notre histoire.

Enfin mon aïeul m'apparaissait surtout dans cet épouvantement suprême qui le saisit le 21 janvier 1793, lorsque la révolution présenta pour la seconde fois au monde frappé de stupeur, cette fulgurante antithèse d'une tête royale tombant sous la main du bourreau....... Je savais la place que cet événement si inattendu avait toujours occupée dans nos traditions de famille, les terreurs, les larmes, les expiations qu'il avait semées à notre foyer, la page de deuil entre tant de deuils qui lui est consacrée sur une espèce de registre funèbre, où, depuis un siècle et demi, mes ancêtres ont inscrit jour par jour les faits et gestes de notre race.

En parcourant ces singulières annales que j'ai moi-même continuées, et qui partent presque de la Chambre ardente et de la Poudre de succession, puis passent par les saturnales de la régence et du règne de Louis XV, pour arriver à la révolution et enfin jusqu'à notre siècle; en y trouvant à chaque page de curieux souvenirs, des anecdoctes du temps tout à fait ignorées, une foule de traditions soigneusement conservées dans le sein d'une famille vouée depuis deux siècles, comme les anciens parias, à l'isolement et à la réprobation publique, et scellant de mystérieuses archives pour un avenir inconnu; en y rencontrant un pêle-mêle étrange de noms illustres et de noms abjects : le comte Horn entre Poulailler et Cartouche; Lally Tollendal et le chevalier de la Barre à côté de Damiens; puis, un roi en tête, ce grand cortége des victimes de la Révolution qui présente un martyrologe sans pareil dans l'histoire; en me rappelant les entretiens de mon père sur l'empire, sur l'affaire de la machine infernale, sur celles de Georges Cadoudal, des compagnons de Jéhu, des Chauffeurs, etc. ; en me reportant aux temps qu'il m'a été donné à moi-même de traverser, et aux souvenirs qu'ils m'ont laissés, aux tristes drames dont le sanglant dénoûment m'est échu en partage : la condamnation des quatre Sergents de la Rochelle, celles de Louvel et de tous ces disciples des Jacques Clément et des Ravaillac, qui tentèrent vainement d'assassiner Louis Philippe ; en passant de ces victimes du fanatisme à celles qu'on impute à une erreur judiciaire, comme Lesurques, et enfin même à la plèbe des scélérats, tels que Desrue, Papavoine, Castaing, Lacenaire, Soufflard, Poulmann, etc., où il ne reste plus guère à étudier que les variétés du crime et les degrés de la perversité humaine, je me suis demandé s'il n'y avait point là les éléments d'un livre, dont l'utilité et l'intérêt excuseraient l'indignité de l'auteur, et si le soin de l'écrire n'était pas le meilleur emploi que je pusse faire des heures de ma vieillesse.

Je l'avoue, car c'est mon excuse, je n'en doutai pas un seul instant.

Je me mis donc au travail et j'écrivis lentement ce livre, en commençant par une rapide esquisse de l'*Histoire des Supplices* et de celle de l'*Exécuteur*, qui m'en parut le préambule obligé.

C'est l'ouvrage que je publie aujourd'hui.

Le bruit que l'annonce seule a produit m'a montré tous les dangers de la pente sur laquelle je m'étais risqué; mais cela n'a point suffi pour m'arrêter. On me jugera mieux en me lisant. Peut-être a-t-on supposé que j'étais allé ramasser, dans la fange des lettres, quelque gâcheur de phrases pour tailler un livre sur mon nom, et de là les indignations et les railleries qui se sont élevées contre celui-ci avant même son apparition. On ne tardera point à s'apercevoir que c'est une œuvre sincère, authentique, et qui ne pouvait germer que dans la pensée d'un homme éprouvé par les douleurs qui ont été mon apanage, et instruit par les enseignements qui m'en sont restés.

Peut-être alors les lecteurs qui cherchent avidement, dans les colonnes des journaux judiciaires, le compte rendu, aussi uniforme qu'infidèle, des exécutions capitales, accueilleront-ils avec moins d'hostilité le seul ouvrage qui, pour près de deux siècles de notre histoire, puisse offrir un récit exact de ces drames sanglants; peut-être la souveraine répulsion qui s'attache aux fonctions que j'ai exercées, répulsion que je n'ai point la prétention de taxer de préjugé, sera-t-elle un instant diminuée par l'intérêt philosophique, historique et, j'ose le dire, moral, répandu sur la plupart de ces pages.

Quelques journaux, très-hospitaliers pour les sanglantes immoralités du roman-feuilleton, ont foudroyé de leur anathème le *titre* de mon œuvre.

Les plus indulgents se sont écriés : Pourquoi ce livre?

Je n'ai point, hélas! reconquis mon droit à la susceptibilité : ce sera donc à ceux-là seulement qui ont semblé me poser cette question que je demanderai la permission de répliquer.

Si la société répudie justement jusqu'à la mémoire des criminels, elle revendique tout ce qui concerne les hommes qui ont été des victimes.

La dernière pulsation du cœur d'un martyr appartient à la postérité; elle a le droit, elle a le devoir d'apprendre vers quel horizon il tournait ses regards en expirant.

Laissez donc l'homme auquel vos pères, dans leurs discordes, assignaient un rôle si affreusement militant, apporter à l'histoire son témoignage; laissez-le raconter ce qu'ils le condamnaient à voir.

Si cette œuvre n'avait d'autre objet que de fournir un nouvel aliment à la curiosité blasée des gens qui, n'osant aller chercher eux-mêmes leurs émotions au pied de l'échafaud, voudraient néanmoins les trouver dans une sorte de photographie écrite des péripéties qui se dénouent sur ce théâtre de la mort, vos répulsions deviendraient légitimes; mais je n'eusse pas attendu qu'elles se manifestassent pour donner aux flammes le soin de faire justice d'un livre écrit dans un tel but.

Enfin, à Dieu ne plaise que j'aie eu un instant la pensée, comme d'autres encore ont pu le croire, d'entreprendre l'apologie de la guillotine ou la réhabilitation de l'exécuteur! Ma main se serait séchée plutôt que d'essayer une œuvre si contraire à mes convictions intimes et aux aspirations de toute ma vie. Loin de là, s'il est une raison d'ordre supérieur qui m'ait armé de la plume que je tiens en ce moment, c'est le spectacle de cette grande cause pendante devant le tribunal de la civilisation, et dans laquelle tant de voix éloquentes, depuis Montesquieu, Beccaria, Filangieri, jusqu'à Victor Hugo, se sont fait entendre pour réclamer l'abolition du châtiment implacable dont j'ai eu le malheur d'être la vivante personnification.

En présence du travail constant qui s'opère dans les esprits sur cette grave question, de la généreuse initiative prise par un petit État de l'Allemagne (1), qui s'honore d'avoir donné le jour à Goëthe, à Schiller et à Wieland, ce Voltaire germanique, je me suis dit qu'il ne m'était plus permis de rester neutre, et que c'était pour moi un suprême devoir d'apporter, à mon tour, ma boule noire ou mon témoi-

---

(1) Le grand-duché de Weimar.

gnage à charge dans l'instruction de ce grand procès, poursuivi depuis plus d'un siècle, contre une peine à laquelle nos mœurs répugnent de plus en plus.

Il n'est point de livre qui ait fait sur ma jeunesse une impression plus profonde que *Le dernier jour d'un condamné*. Je le lus pour la première fois longtemps avant d'accompagner mon père à la première exécution où il me demanda de l'assister, et je crois que, si la demande m'avait été faite au moment où j'étais encore sous l'impression de cette lecture, j'aurais méconnu les devoirs de la piété filiale.

J'éprouve aujourd'hui une singulière satisfaction à publier cet ouvrage, presque en même temps qu'une œuvre nouvelle de l'auteur du *Dernier jour d'un condamné*. Je ne me dissimule pas l'immensité de l'abîme qui nous sépare et l'ombre que les rayons de sa gloire jettent sur ma sinistre personnalité; mais je n'en suis pas moins heureux d'élever humblement la voix pour une cause dont il a été et demeurera le plus admirable défenseur.

Si l'on demande comment, avec de pareils

sentiments, j'ai pu remplir si longtemps les horribles fonctions qui m'étaient échues en partage, je n'ai que ceci à répondre : qu'on veuille bien jeter les yeux sur la condition dans laquelle j'étais né. Les fils de Jacques d'Armagnac sentirent, dit-on, le sang de leur père dégoutter sur eux à travers les planches mal jointes d'un échafaud. Non moins à plaindre, j'ai revêtu la robe virile sur l'autel des expiations de la justice humaine, le jour où, jeune lévite, j'assistai pour la première fois mon père dans l'exercice de ce terrible sacerdoce, que de Maistre appelle la clef de voûte des sociétés. Le glaive de la loi s'est transmis dans ma famille comme l'épée chez les gentilshommes, comme le sceptre dans les races royales : pouvais-je me choisir une autre destinée sans renier la mémoire de mes ancêtres et outrager la vieillesse de mon père assis à mon foyer ? Rivé par des devoirs sacrés au billot et à la hache, j'ai dû remplir la sinistre tâche que m'imposait ma naissance. Mais au milieu de ma carrière, unique rejeton de cette sorte de dynastie d'exécuteurs, j'ai résigné avec bonheur la pourpre de l'échafaud et le sceptre de la mort. Puissé-je, avant d'aller reposer ma tête sous la sépulture honnie de mes pères, voir disparaître de nos institutions une peine dont l'adoucissement des mœurs rend l'application de plus en plus rare, un supplice qui est, au milieu de notre civilisation, comme le dernier vestige des sacrifices humains de la barbarie ! Puissent dans un avenir prochain ceux qui auront parcouru ces pages dire en fermant le livre : C'est le testament de la peine de mort par le dernier bourreau !

SANSON.

COUP-D'ŒIL HISTORIQUE
SUR LES SUPPLICES

AVANT-PROPOS

Avant d'entrer directement en scène dans ce récit, et d'y mettre ceux de mes ancêtres qui m'ont précédé dans le terrible office d'exécuteur des arrêts de la justice humaine, j'ai cru devoir, comme je viens de l'annoncer, passer rapidement en revue la lugubre série des supplices pratiqués en France, depuis les temps les plus reculés. Je vais donc essayer de montrer, confession horrible, jusqu'où peut aller l'imagination des hommes en fait de barbarie et de cruauté. Je dirai les différentes formes de condamnation, les divers genres d'exécution, les appareils et les machines des supplices, sans toutefois chercher à présenter dans un ensemble méthodique ce qu'on pourrait appeler la théorie de notre ancienne législation pénale. Il m'a semblé que les considérations toujours abstraites du légiste seraient froides et superflues à côté d'un récit véridique et simple qui, par le salutaire épouvantement qu'il inspire, porte avec lui son enseignement. Celui qui, du milieu de la foule entourant l'échafaud, se lèverait pour protester contre les rigueurs de la loi et invoquer les droits de l'humanité, ne serait point entendu; sa voix, dominée par le retentissement du couperet, resterait sans écho. Les angoisses du patient, les apprêts de la mort, l'échafaud ruisselant ont une autre puissance que la parole pour éveiller, dans les cœurs les plus durs, les sentiments de pitié, et, dans les consciences les plus obscurcies, la notion de la justice.

Il serait d'ailleurs bien difficile, sinon impossible, de renfermer dans un cadre méthodique une *Histoire des Supplices*. La simple lecture de notre Code pénal et de presque toutes les lois répressives de l'Europe moderne permet de découvrir une pensée philosophique qui les domine et qui a présidé à leur rédaction. Edicter des peines justes, exemplaires, instructives et réformatrices, poursuivre ce but complexe si admirablement exprimé par Sénèque dans ce précepte : *In vindicandis injuriis hæc tria lex secuta est : ut eum quem punit emendet, aut ut pœna ejus cæteros reddat meliores, aut ut sublatis malis securiores cæteri vivant*. Tels sont les principes que l'étude la plus superficielle des textes ferait reconnaître, si le législateur n'avait pris le soin de les proclamer lui-même. De là la possibilité, la nécessité même de rattacher à ces règles supérieures les dispositions particulières de la loi, toutes les fois qu'on veut entreprendre une étude générale et d'ensemble ur les législations modernes.

Mais une pareille étude est loin de se présenter dans les mêmes conditions, lorsqu'on veut l'appliquer aux monuments de la législation criminelle du moyen âge. Là, selon l'expression de Montesquieu, tout est mer et les rivages même manquent. A la confusion des textes, à l'incertitude des dates, qui ne permettent pas même d'adopter l'ordre chronologique, vient s'ajouter l'absence de tout principe et de toute règle. La loi pénale abandonnée au caprice du prince varie au gré de ses passions, et s'il arrive quelquefois qu'elle soit dictée par l'amour du bien public, jamais elle ne respire ce respect de l'humanité, cette modération qui sont l'apanage de la justice et de la force. et feront l'éternel honneur du XIXe siècle.

Le respect de l'humanité, la notion des limites posées par Dieu même au droit de punir, voilà ce qui fit défaut aux sociétés passées, et c'est ce défaut qui donne aux législations de l'antiquité, comme à celle du moyen âge, leur caractère propre, celui sous lequel je prétends étudier cette dernière.

Jusqu'en 1791, la loi criminelle est le Code

de la cruauté légale. Ce Code, je vais le commenter, article par article, c'est-à-dire supplice par supplice, et on verra que ce qu'il demande au coupable ce n'est pas une larme de repentir, mais un cri de douleur. Art de bourreau, non de législateur! « A nos guerres, à nos lois, à tant d'erreurs meurtrières, s'écrie Servan, ne dirait-on pas que nous sommes chargés de venger sur notre propre espèce les carnages que nous ne cessons de faire dans celle des animaux? »

La division des peines en afflictives, infamantes, pécuniaires, corporelles ou morales, serait ici hors de lieu, et d'ailleurs rarement applicable aux supplices, qui ne sont bien souvent que l'accessoire de la peine. J'ai préféré suivre la trace ensanglantée que l'imagination des hommes a laissée dans le domaine de l'atroce, et décrire les supplices en les classant, autant qu'il est possible, d'après leur degré de cruauté.

Je présenterai d'abord ceux qui devaient flétrir le coupable sans entraîner la mort, ensuite ceux qui n'avaient de terme qu'avec la vie. Dans la première catégorie, j'irai jusqu'aux mutilations; dans la seconde, je ferai entrer tous les supplices suivis de mort.

Un chapitre sera spécialement consacré à la *Torture* ou *Question*, et je terminerai par une étude historique sur le ministre de toutes ces cruautés, celui que les peuples indignés ont poursuivi, à travers les siècles, de l'épithète flétrissante de *Bourreau*.

I

LA DÉGRADATION

La première catégorie des supplices comprendra : la dégradation, le pilori et le carcan, l'amende honorable, la flagellation et la longue liste des mutilations. Les trois premières de ces peines, qui sont bien plus morales que corporelles, ne méritent pas peut-être le nom de supplices, mais elles sont si éloignées des mœurs actuelles, elles ont un tel caractère de rigueur et de violence, et d'ailleurs les documents historiques que leur étude me permettra de mettre en lumière offrent un tel intérêt, que je n'ai pas hésité à les maintenir dans le cadre que j'avais adopté.

Par la dégradation, l'homme reconnu coupable est ignominieusement dépouillé des fonctions, des priviléges, des titres honorifiques qui peuvent lui appartenir.

Cette peine éminemment juste, en principe, se retrouve à peu près chez tous les peuples arrivés à un certain degré de civilisation. Moïse l'applique, lorsque, sur l'ordre de Dieu, il dépouille de sa robe de grand-prêtre Aaron, condamné à mort pour son incrédulité. A Rome, elle existait sous les noms divers de *militiæ mutilatio, de gradu dejectio, ignominiosa missio*, et pendant le moyen âge, nous la voyons frapper l'homme d'église, l'homme d'épée ou de robe.

En pareil cas, c'est toujours par leurs pairs que les hommes appartenant à ces ordres différents sont jugés. Le prêtre comparaît devant l'évêque et sa sentence est généralement exécutée dans l'église ; c'est la noblesse qui inflige le châtiment au gentilhomme, et le Parlement prononce son arrêt contre le magistrat, dans la salle de ses audiences.

Juvénal des Ursins (1) raconte que deux moines augustins, ayant trompé le roi Charles VI, sous prétexte de le guérir, furent comdamnés à mort. Leur caractère sacré de prêtres ne permettant pas que la justice séculière touchât à leur personne, l'exécution dut être précédée de la dégradation en place de Grève. Un échafaud, dressé devant l'Hôtel-de-Ville et l'église du Saint-Esprit, se reliait par un pont de planches aux fenêtres de la salle du Saint-Esprit. Par une de ces fenêtres servant de porte, les deux augustins habillés, comme s'ils marchaient à l'autel, s'avancèrent sur l'échafaud. L'évêque de Paris les reçut en habits pontificaux et leur fit une exhortation. Ensuite, leur ayant enlevé la chasuble, l'étole,

---

(1) JUVÉNAL DES URSINS, *Histoire de Charles VI.*

le manipule et l'aube, il fit raser leurs couronnes en sa présence. Alors seulement, l'exécuteur s'empara de leurs personnes, les dépouilla de tous leurs vêtements, à l'exception de la chemise, et les conduisit en cet état aux Halles pour être décapités.

La mort même ne fut pas toujours un abri contre la dégradation. On connaît l'atroce vengeance d'Etienne VI. A peine élu Pape en 896, il fait comparaître en habits pontificaux, devant un synode assemblé, le cadavre de Formose ; il interroge cette dépouille muette, l'accuse d'avoir usurpé le siége de Rome, l'anathématise pour la livrer ensuite au bourreau. La tête du cadavre fut tranchée, les doigts qui servaient à bénir coupés, et tous ces hideux débris jetés dans le Tibre.

Les officiers de justice, nous apprend Loiseau, étaient dégradés publiquement. Il raconte le fait (1) d'un conseiller clerc au Parlement, du nom de Pierre Ledet, lequel fut, par arrêt de 1528, *exauctoré* solennellement : sa robe rouge

---

(1) *Traité des Ordres.*

lui fut ôtée en présence de toutes les chambres, puis il fut renvoyé au juge d'église.

La condamnation à mort prononcée contre les dignitaires du royaume devait toujours être précédée de la dégradation. C'est pourquoi, au moment où le maréchal de Biron allait être exécuté, le chancelier lui ôta le cordon de l'ordre du Saint-Esprit; il lui demanda en même temps son bâton de maréchal, à quoi Biron répondit qu'il n'en avait jamais porté.

La dégradation de noblesse se faisait dans le plus grand appareil. Trente chevaliers sans reproche se réunissaient en conseil et appelaient devant eux le gentilhomme accusé de félonie. Un roi ou héraut d'armes portait contre lui l'accusation de trahison et foi mentie, et si cette accusation n'était pas victorieusement repoussée, on procédait à la dégradation dans les formes suivantes : deux échafauds étaient dressés en public; sur l'un se plaçaient les juges, entourés de hérauts et poursuivants d'armes. Sur l'autre se trouvait le condamné, armé de toutes pièces, ayant son écu planté sur un pieu devant lui, renversé et la pointe en haut. On le dépouillait alors successivement de toutes ses armes, en commençant par le heaume; son écu était brisé en trois pièces avec un marteau. Le roi d'armes versait sur sa tête un bassin d'eau chaude et les prêtres chantaient les offices des morts pendant tout le temps que durait cette émouvante cérémonie. Lorsqu'elle était terminée, les juges, couverts d'habits de deuil, se rendaient à l'église où le dégradé était porté sur une civière. Après que l'assistance avait récité les prières des trépassés, le coupable était livré au juge royal et à l'exécution de la haute justice. D'autres fois on le laissait aller et survivre à son infamie. C'est ainsi que le capitaine Franget, gentilhomme gascon, qui avait lâchement rendu Fontarabie aux Espagnols, fut dégradé à Lyon en 1523, dans les formes que je viens de raconter, et qu'il fut ensuite rendu à la liberté.

Jousse nous apprend (1) que de son temps l'usage de prononcer la dégradation était tombé en désuétude, parce qu'on avait admis qu'elle résultait du crime même.

(1) JOUSSE, t. I, p. 307 et t. II, p. 538.

Le Code pénal de 1791 la fit revivre (1) sous le titre de dégradation civique ; il en réglait ainsi l'exécution : « Le coupable qui aura été condamné à la peine de la dégradation civique, sera conduit au milieu de la place publique où siége le tribunal criminel qui l'aura jugé. Le greffier du tribunal lui adressera ces mots à haute voix : *Votre pays vous a trouvé convaincu d'une action infâme ; la loi et le tribunal vous dégradent de la qualité de citoyen français.* Le condamné sera mis ensuite au carcan... »

La dégradation civique est encore une peine en vigueur ; mais elle ne donne plus lieu à une exécution solennelle et publique, et consiste uniquement en la privation de certains droits énumérés dans l'art. 34 du Code pénal.

Toutefois, d'après les lois militaires, aucune condamnation infamante peut être exécutée avant qu'il y ait eu une dégradation effective dans certaines formes, qu'il n'entre plus dans mon cadre d'énumérer (2). Je rappellerai seulement que, lorsqu'un membre de la Légion

---

(1) Art. 1er et 34.
(2) L. 21 brum. an V, t. VIII, art. 21.

d'honneur est condamné à une peine infamante, le président du tribunal doit immédiatement prononcer contre lui la dégradation en ces termes : « Vous avez manqué à l'honneur, je déclare au nom de la Légion que vous avez cessé d'en être membre (1). »

(1) Ord. du 26 mars 1816, 1857 et 1858. A. MORIN, *Rép. de droit crim.*

II

LE PILORI ET LE CARCAN

La peine du pilori a précédé celle du carcan, qui, adoptée en 1719, ne devait disparaître que dans ces derniers temps. Le pilori était un poteau ou pilier où l'on attachait habituellement les criminels en signe d'infamie. Ordinairement le pilori était placé dans un lieu fréquenté. A Paris, il été situé aux Halles : c'était une tour octogone, avec un rez-de-chaussée et un seul étage au-dessus. Le coupable était exposé par trois jours de marchés consécutifs : chaque jour, de demi-heure en demi-heure, on lui faisait faire le tour du pilori, pour qu'il fût vu de la foule. Ce genre d'exposition différait pour certaines villes : ainsi, à Orléans, où pour la première fois on fit usage du pilori, nous trouvons que ce pilori consistait dans une cage en bois, haute de six pieds, large de deux pieds et demi seulement, montée sur un pivot un peu élevé, dans laquelle le condamné était renfermé et forcé de se tenir debout. Le peuple avait le droit de faire tourner cette cage pour voir le patient de tous les côtés, le huer, lui cracher au visage et lui jeter des ordures.

Le carcan doit être plutôt considéré comme une adjonction au pilori que comme une peine nouvelle. C'était un cercle ou collier de fer avec lequel l'exécuteur de la haute justice attachait par le cou celui qui était convaincu de crimes ou délits. Le condamné était mené à pied, les deux mains attachées derrière la charrette de l'exécuteur, ou liées derrière le dos.

Au lieu désigné pour l'exposition, se trouvait un poteau auquel était attachée une longue chaîne, terminée par un collier de fer de trois doigts de largeur, ayant une charnière pour l'ouvrir. On faisait entrer le cou du patient dans ce collier, qu'ensuite on fermait avec un cadenas. Je dois dire que souvent on attachait un écriteau pour indiquer le crime du coupable.

Les cas pour lesquels on prononçait la condamnation au pilori étaient : la banqueroute, le faux, la bigamie, l'escroquerie, le proxénétisme, les friponneries au jeu, le vol des fruits des champs, le colportage des livres défendus, et enfin le blasphème; sous François Ier et Henri II ce crime était puni de six heures de carcan. Les cas qui entraînaient cette peine, au moyen âge, changèrent, et au moment où le carcan disparut de notre Code pénal, ce châtiment consistait à être attaché par le cou à un collier de fer appendu à un poteau sur la place publique, à y demeurer exposé aux regards du peuple durant une heure, et à avoir au-dessus de sa tête un écriteau portant, en caractères gros et lisibles, ses noms, sa profession, son domicile et la cause de sa condamnation (art. 22 et 24). Les condamnés à la réclusion et aux travaux forcés à perpétuité ou à temps devaient, avant de subir leur peine, être attachés au carcan.

Les nations étrangères qui employèrent ce châtiment sont assez nombreuses. En Perse, c'est une des punitions les plus communes. Toutefois le carcan y diffère de celui que nous avons employé en France : il est long d'environ trois pieds et composé de trois pièces de bois, dont l'une est plus courte que les autres, ce qui forme un triangle allongé. Celui qui le porte a le col pris au sommet du triangle, tandis que sa main est attachée à l'extrémité. Dans les colonies, on mettait au cou des nègres qui avaient déserté, un grand carcan auquel était attachée horizontalement une longue barre de fer l'empêchant de passer entre les arbres. Souvent il devait porter ce lourd fardeau pendant toute sa vie. Enfin l'Espagne et la Toscane usent aussi fréquemment de cette peine.

III

L'AMENDE HONORABLE

Dans la longue et si triste liste des peines qui, dans les temps anciens, étaient infligées aux coupables, l'amende honorable occupait un des derniers degrés de l'échelle. Peut-être cette révoltante punition aurait-elle dû occuper une place plus élevée, mais elle n'attaquait que le moral et l'amour-propre de l'individu, et, en définitive, elle ne faisait souffrir en rien la partie marielle de son être, que l'on appelle le corps; aussi les historiens de cette époque n'ont-ils voulu en faire qu'un des moindres de ces supplices atroces qui venaient châtier le membre de la société révolté contre elle. J'ai dû envisager la question comme eux, en faisant remarquer toutefois que cette punition, subie en général par les condamnés d'un rang élevé, devait, quoique la moins cruelle physiquement, être la plus dure et la plus pénible à supporter; j'ajoute même que souvent elle fut la plus triste et la plus révoltante.

Peut-être est-il nécessaire ici de dire un mot du supplice infamant qui consistait à être traîné dans une charrette. Ordinairement cette peine n'était, comme la marque, par exemple, que l'accessoire ou le préliminaire d'une autre peine plus grave et plus sévère. Mais cependant le fait seul d'être traîné par les rues de la ville dans une charrette était une punition infligée aux larrons et autres malfaiteurs. « En ce temps-là (au moyen âge), était accoustumé que charette était si vile que nul n'était dedans qui tout los et tout honneur n'eût perdu. Et quand on voulait à aucun tollir honneur, si le fesait-on monter en une charette; car charette servait en ce temps-là de pilori » (1). Le fait seul d'être traîné dans une charrette emportait une peine infamante pour celui qui la subissait: ceci ne peut être mis en doute. Nous trouvons en effet, dans le roman de Lancelot du Lac, que : « Un chevalier fut dégradé, traîné dans une charrette à laquelle était attellé un cheval dont on avait coupé la queue et les oreilles; il était accompagné d'un nain, revêtu d'une chemise sale et déchirée, les mains liées derrière le dos et son écu renversé. Son cheval de bataille suivait la charrette, et la populace lui jetait de la boue. »

Au moyen âge donc, c'est un fait, la charrette était regardée comme une voiture ignominieuse. Ceci ne nous explique-t-il pas comment existe encore aujourd'hui l'usage, si ancien déjà, de transporter le condamné à mort sur cette même charrette, de la prison au lieu du supplice ?

(1) SAINTE-PÉLAYE.

Dans le moyen âge, nous ne rencontrons pas d'exemple de femmes qui aient eu à subir cette peine infamante ; mais, dans le nouveau *Coutumier général* (1), nous voyons certaines coutumes qui veulent que les femmes qui auront dit des injures soient condamnées à porter une ou deux pierres suspendues à leur cou à travers toute la ville.

Nous ne devons pas clore ici la liste des peines infamantes appliquées aux coupables dans le seul but de faire souffrir l'amour-propre et le cœur, tout en épargnant la douleur physique. Nous voyons encore, au moyen âge, figurer la selle. Le comte Hugues (2) est forcé de « se présenter à la porte du château de Richard, duc de Normandie, la selle sur le cou. » Il se laissa choir aux pieds de Richard, afin que celui-ci le chevauchât, s'il lui plaisait. » La félonie du vassal coupable était encore châtiée par d'autres punitions spéciales. En l'année 1423, des gentilshommes, amenés prisonniers à Paris,

---

(1) Le roman de Lancelot du Lac.
(2) Tome II, page 264.

tenaient chacun en la main droite une épée
nue, la pointe contre la poitrine, en signe de
gens qui s'étaient rendus à la volonté du prince.
Trancher les éperons sur du fumier était aussi
un supplice infamant mentionné dans les
établissements de saint Louis. D'après certaines
coutumes, le mari qui se laissait battre par sa
femme était contraint de parcourir la ville,
monté sur un âne, la tête tournée vers la queue.
Enfin, je dois également ici mentionner l'ancien usage qui consistait à trancher la nappe
devant celui qui avait commis quelque acte
de bassesse ou de lâcheté. La *Chronique du
moyen âge* cite un exemple remarquable de
cet usage sous Charles VI. Le roi de France
avait admis à sa table Guillaume de Hainaut.
Tout à coup un héraut d'armes se présenta
devant ce seigneur et trancha la nappe, lui
disant qu'un prince qui ne portait pas d'armes était indigne de manger à la table du
roi. Guillaume surpris répondit qu'il portait
le heaume, la lance et l'écu comme les autres
chevaliers. « Non, sire, cela ne se peut, reprit
le plus vieux des hérauts, vous savez que votre

grand-oncle a été tué par les Frisons, et que sa mort est restée impunie. Certes, si vous possédiez des armes, il y a longtemps qu'elle serait vengée. » Nous savons comment cette leçon sanglante profita à Guillaume, qui vengea l'outrage de sa famille, et reconquit l'honneur perdu ou au moins compromis par cette punition publique et infamante.

IV

LA FLAGELLATION

La *flagellation* est un supplice à la fois des plus cruels et des plus humiliants. Les instruments dont on s'est servi ont varié suivant les lieux et les temps. C'est tantôt un fouet, armé de plusieurs lanières de cuir ou de chaînes de fer, tantôt une poignée de verges, souvent un lourd bâton, qui brise les os en déchirant la chair.

On peut dire que l'usage de la flagellation est universel: on a fouetté et l'on fouette encore en Egypte, en Perse, dans l'Inde, en Chine, à Rome, de Madrid à Moscou, de Londres à Constantinople.

Ce supplice n'a pas été inventé seulement pour châtier le crime; on s'en est encore servi pour marquer l'autorité du maître sur l'esclave. Il a pour emblèmes les faisceaux du licteur et le sceptre du despote. L'ilote est fustigé par le spartiate, le nègre par le planteur, l'écolier par le pédagogue. Le père même bat son enfant, et Clotaire Ier, poursuivant son fils Chramne, l'atteint dans une cabane, le fait étendre tout nu sur un banc et fouetter jusqu'à ce que mort s'en suive.

L'histoire du fouet est des plus variées, des plus riches en documents. Je me bornerai à reproduire les plus intéressants d'entre eux. J'y trouve que le coupable condamné à la flagellation était étendu tout nu sur un tréteau, les mains liées à un tourniquet et les pieds à un pieu; tandis que ses membres étaient ainsi allongés et raidis d'une façon si cruelle, l'exécuteur, à grands coups d'étrivières, de courroies doubles et triples, le déchirait impitoyablement. Il ne le quittait pas même lorsque le sang jaillissait de toutes parts. Souvent on laissait les blessures se fermer, et quelques jours après on frappait sur ces plaies saignantes et purulentes.

Au temps où l'Église ordonnait des peines publiques, le pénitent était souvent fouetté jusqu'au pied des autels. Raymond VI, comte de Toulouse, reçut publiquement les verges à la porte de l'église de Saint-Gilles, à Valence, pour crime d'hérésie. Milon, légat du pape, qui avait prononcé la sentence, l'exécuta lui-même. Louis VIII, fils de Philippe-Auguste, pour avoir, malgré l'Église, continué à prétendre à la couronne d'Angleterre, dut se présenter nu-pieds, en chemise, à la porte de l'église Notre-Dame de Paris, avec des verges, pour être fouetté par les chanoines. Enfin, les cardinaux Duperron et d'Ossat, ambassadeurs d'Henri IV à Rome, reçurent publiquement du pape Clément VIII les coups de verges destinés au monarque, pour le châtiment et l'absolution de son hérésie.

Dans l'ancienne jurisprudence française, la peine du fouet était publique, ou s'exécutait dans l'intérieur de la prison. Pour la flagellation publique, le patient, nu jusqu'à la ceinture, attaché au *cul de la charrette*, était traîné au carcan sur chaque place publique, où le cortège s'arrêtait; il recevait, par la main de l'exécuteur armé d'une poignée de verges, la quantité de coups marquée par l'arrêt. L'autre peine s'appliquait dans la prison par les mains du questionnaire ou du geôlier, le plus souvent sur la demande des parents, aux enfants qui n'avaient pas encore atteint l'âge de puberté. On verra, dans le chapitre consacré à l'histoire du bourreau en France, que la peine du fouet était aussi appliquée aux femmes; mais, dans l'intérêt de la décence publique, l'exécution avait lieu par les mains d'une femme.

Le fouet était aussi appliqué aux vagabonds, batteurs de pavés, *cagnairdiers,* comme on les appelait autrefois. « De tant qu'en ma grande jeunesse, dit Pasquier, dans ses recherches sur la France, ces fainéants avaient accoustumé, au temps d'esté, de se venir loger sous les pontz de Paris, garçons et filles pesle-meslé; et Dieu sait quel mesnage ils faisaient ensemble. Tant qu'il me souvient qu'autrefois par cry publicq émané du prévost de Paris, il leur fut défendu, sous peine de fouest, de plus y hanter : et comme quelques-uns y furent désobéissants, j'en viz fouetter pour un coup plus d'une douzaine sous les mesmes pontz, depuis lequel temps ils en oublièrent le chemin. Ce lieu était appelé le Caignard et ceux qui le fréquentaient Caignardiers, comme si on les eust voulu nommer canardiers, parce que, tout ainsi que les canards, ils vouaient leur demeure à l'eau. » — Au dix-septième et au dix-huitième siècle, on fouettait aussi dans les carrefours les filles de mauvaise vie.

Parmi les applications les plus détestables de la peine du fouet, nous devons signaler celle qui en a été faite aux enfants et aux soldats. « C'est une vraie geôle de jeunesse captive, s'écrie éloquemment Montaigne dans ses *Essais*; on la rend débauchée, l'en punissant avant qu'elle le soit. Arrivez-y sur le point de leur office, vous n'oyez que cris et d'enfans suppliciés et de maîtres enivrés en leur colère. Quelle manière pour éveiller l'appétit envers leur leçon, à ces tendres âmes et craintives, de les y guider d'une trogne effroyable, les mains armées de fouets! inique et pernicieuse forme, joint ce que Quintilien en a très-bien remarqué, que cette impérieuse autorité tire des suites périlleuses, nommément à notre façon de chastiment. Combien leurs classes seraient plus décemment jonchées de fleurs et de feuillées que de tronçons d'osiers sanglants! »

Voltaire, dont l'indignation contre les coups de bâtons s'expliquerait, d'ailleurs, suffisamment par les événements de sa jeunesse, trouve aussi contre ce châtiment appliqué aux enfants les paroles les plus vives. Mais il entre dans des détails trop circonstanciés pour qu'il me soit permis de les reproduire. Il faut le dire, cependant, nos mœurs et nos lois ont fait de grands progrès sur ce point, et à part quelques faits aussi rares qu'odieux, il est permis d'affirmer que la jeunesse de nos jours est à l'abri de la violence des hommes auxquels est confiée son éducation. On a fini par comprendre que les châtiments moraux avaient plus d'empire que la férule sur ces jeunes âmes, ouvertes aux conseils, susceptibles de tous les sentiments généreux, et que le système des verges pouvait être bon pour dresser des sujets en Chine, mais non pour former des citoyens dans un État libre.

Enfin, le gouvernement provisoire de 1848 a rayé du code pénal maritime, la *bouline* et les coups de corde, derniers vestiges d'une législation inepte et barbare, en déclarant que le châtiment corporel dégrade l'homme. L'empire du bâton n'a plus de refuge qu'au bagne.

Mais l'exemple de la France en cette matière est loin d'avoir été suivi par les autres législateurs de l'Europe. A part la diète suédoise, je crois, qui a aboli la peine du fouet en 1860, et le pacha d'Egypte, qui vient de supprimer la bastonnade pour ses marins et ses soldats, on peut dire que la flagellation est encore en grand honneur sur la terre.

Si l'empereur Nicolas a aboli le knout, c'est pour le remplacer par la *pleite*, instrument formé de longues lanières de cuir qui déchirent la chair et la mettent en lambeaux, et par les verges, dont l'application pour certains crimes militaires est souvent suivie de mort.

En Autriche, dans le code de 1853, on lit, aux articles 17 et 20, que la peine de la prison peut être aggravée de coups de verges et de bâton, à la discrétion du juge, jusqu'à cinquante. Les Hongrois, au nombre de leurs anciennes franchises, réclament le droit de pouvoir en donner jusqu'à cent.

L'Angleterre elle-même, dans la session de 1861, a maintenu la peine du fouet pour les armées de terre et de mer, à la majorité de 144 voix contre 39.

Que penser d'une nation dont les législateurs croient encore que la discipline des armées ne peut s'obtenir que par une crainte servile? — Que sont des soldats qui ne remplissent leur devoir que sous la menace du fouet?

Les vertus militaires, le sentiment exalté de l'honneur, la dignité de l'homme libre, voilà ce qui fait la gloire de nos armées et peut-être leur force irrésistible.

V

LES MUTILATIONS

Il n'y a pas une partie du corps humain qui n'ait été l'objet d'un supplice particulier. La main du bourreau, qui semble avoir été à la recherche du point le plus douloureux, a fouillé jusque dans les entrailles du patient. Les yeux, la bouche, la langue, les oreilles, les dents, les bras, les mains, les pieds, le cœur, ont été autant de sources de souffrances successivement épuisées par le fer et le feu.

L'aveuglement, en usage surtout sous les rois des deux premières races, était appliqué par les princes aux personnages considérables dont ils redoutaient les attaques, mais qu'ils n'osaient point faire périr. Louis le Débonnaire, en 814, fit aveugler Tulle, l'amant de sa sœur. Le même supplice fut aussi appliqué à Bernard. roi d'Italie, petit-fils de Charlemagne, et le parlement de Senlis, en 873, ordonna que le fils révolté de Charles le Chauve, Carloman, serait privé de la vue.

Un bassin ardent, un fer rouge qu'on passait devant les yeux, jusqu'à ce qu'ils fussent *cuits,* comme dit Joinville, une pointe d'acier qu'on plongeait au centre de l'organe, l'arrachement hors de l'orbite, tels étaient les instruments et les moyens employés par la vengeance et la justice qui se confondent dans ces siècles barbares.

La langue a aussi de tout temps été l'objet de l'attention des législateurs. Louis IX, l'un des plus sages et des plus justes de nos rois, ordonna que les blasphémateurs seraient marqués au front et qu'ils auraient les lèvres brûlées et la langue percée avec un fer rouge. Il avait inventé pour ce supplice un fer rond que le bourreau appliquait tout rouge sur les lèvres du patient attaché à une échelle. Je dois dire que le pape blâma ce roi trop zélé pour la défense de Dieu sur la terre. — Le père du peuple, Louis XII, faisait couper la langue entièrement à qui blasphémait huit fois par récidive, et Louis XIV, en vue du bien de l'État sans doute, renouvela cette ordonnance. Le zèle de François Ier pour le triomphe de la religion catholique lui fit trouver des supplices nouveaux qu'il appliquait dans les persécutions contre les protestants. Parmi les hérétiques brûlés vifs, le 21 janvier 1535, en présence de ce prince, on remarque un nommé Antoine Poile, qui eut la langue percée et attachée à la joue avec une cheville de fer. Les anciens criminalistes nous apprennent que c'était ordinairement devant la porte de l'église qu'avait lieu le supplice, et, suivant l'arrêt, le bourreau se servait d'un couteau ou d'un fer aigu et rougi.

L'essorillement, c'est-à-dire l'amputation de l'oreille, a été fort en usage dans les premiers siècles de notre histoire. C'était le châtiment du serf qui mécontentait son maître. Deux ordonnances, l'une du mois de mars 1498, et l'autre du 24 juillet 1534, parlent de ce genre de supplice qui se trouve aussi établi dans les Coutumes d'Anjou, art. 148, de Loudunois, chapitre XXXIX, art. 2, de la Marche et plusieurs autres encore. Sauval nous raconte dans le passage suivant la manière d'exécuter l'essorillement à Paris : « A un serviteur larron ou coupeur de bourses, on lui coupait l'oreille pour la première fois, et pour la seconde, l'autre, après quoi la mort suivait la troisième.

« Quand le premier vol était considérable, on leur coupait l'oreille gauche, d'autant qu'il y a en icelle une veine qui répond aux parties naturelles, laquelle étant coupée, rend l'homme incapable de pouvoir engendrer, afin que telle race de gens ne laissent au monde une engeance méchante et vicieuse, dont il n'y en a que trop. A Paris, en ce petit carrefour que l'on voit entre le bout du pont Notre-Dame, Saint-Jacques-la-Boucherie et la Grève, où jadis il y avait une échelle comme celle du Temple, était une place nommée le carrefour *Guigne-Oreille,* à cause de cette exécution, et en langage corrompu, *Guillori,* par le vulgaire. »

Les dents elles-mêmes n'ont pas été à l'abri de l'atteinte du bourreau. Sans parler de la Pologne, où anciennement on arrachait les dents à quiconque était convaincu d'avoir mangé de la viande en carême, on les arrachait aussi en France aux Juifs pour avoir leur argent, et Louis XI, après le supplice de Jacques d'Armagnac, comte de Nemours, ordonna que ses enfants fussent conduits à la Bastille, dans les cachots faits en forme de hottes, et qu'on leur arrachât toutes les dents, à plusieurs intervalles.

L'*Amputation du poing* est, de toutes les mutilations, celle qui a résisté le plus longtemps aux progrès de la civilisation. Le code de 1791, art. 4, portait : « Quiconque aura été condamné à mort pour crime d'assassinat, d'incendie ou de poison, sera conduit au lieu de l'exécution, revêtu d'une chemise rouge. Le parricide aura la tête et le visage voilés d'une étoffe noire; il ne sera découvert qu'au moment de l'exécution. » Mais le Code de 1810, revenant en arrière, ajouta que le parricide, ainsi que cela avait lieu sous l'ancienne législation, aurait le poing coupé. (Art. 13.) Ce ne fut qu'en 1832 que cette barbarie inutile, indigne d'un peuple civilisé, fut supprimée. L'art. 13 révisé porte : « Le coupable, condamné à mort pour parricide, sera conduit sur le lieu de l'exécution, en chemise, nupieds, et la tête couverte d'un voile noir. Il sera exposé sur l'échafaud, pendant qu'un huissier fera au peuple lecture de l'arrêt de condamnation, et il sera immédiatement exécuté à mort. »

Voilà sans doute un progrès. N'y a-t-il pas cependant encore, dans la formalité si longue de la lecture de la sentence, un reste de barbarie, une aggravation de supplice, un outrage à l'humanité?

Quoi qu'il en soit, à la difficulté avec laquelle ce châtiment a disparu de nos lois, il est facile de juger quelles profondes racines son institution avait dans nos mœurs. Les annales historiques ou judiciaires fourmillent d'exemples de la mutilation du poing. En 1349, le 24 mars, Geoffroy de Saint-Dizier eut le poing coupé pour avoir maltraité un sergent du roi. Jean Leclerc, en 1525, est condamné pour avoir renversé des statues de saints : on lui tenaille les bras, on lui coupe le poing, on lui arrache le nez, on le fait consumer lentement sur un bûcher. Barrière, qui avait tenté d'assassiner Henri IV, eut le poing coupé, tenant le couteau avec lequel il avait eu le projet d'exécuter son crime. Triste et douloureuse énumération qu'il serait malheureusement facile de poursuivre longtemps.

Je dirai en peu de mots la manière dont s'exécutait cette peine. Le patient agenouillé étendait sa main à plat sur un billot haut d'un pied environ, et, d'un coup de hachette ou de couperet, le bourreau lui faisait sauter la main. Le moignon était aussitôt renfermé dans un sac plein de son et fortement lié afin d'arrêter l'hémorrhagie. Sous l'empire du code de 1810, cette mutilation se faisait à l'aide d'un couperet, sur l'échafaud même où était dressée la guillotine.

Il y a trente ans à peine qu'on donnait encore ce spectacle sur nos places publiques !

Nous touchons enfin au terme des supplices par mutilation, et le dernier qu'il me reste à enregistrer, l'*Amputation des pieds*, ne fut guère en honneur, mieux vaudrait dire en horreur, que sous les premiers rois de France. Le plus ancien exemple que nous ayons retrouvé de ce genre de mutilation, fut donné par Frédégonde, qui fit couper un pied et une main au prêtre qu'elle avait envoyé pour assassiner Brunehaut et qui n'avait pas réussi. Il était encore assez ordinaire à la même époque de punir de ce supplice les serfs, pour des fautes légères, et dans les guerres privées que se livraient les seigneurs du onzième siècle, il arrivait souvent que les captifs avaient les yeux arrachés et les pieds coupés. Ainsi firent Enguerrand Ier, seigneur de

Coucy, et le comte de Namur dans leur querelle bien connue. On trouve enfin, dans les établissements de saint Louis, que la peine du second larcin était d'avoir le pied coupé.

Si l'on veut porter un jugement sur ce genre de supplice que je viens de décrire et de raconter, il faudra dire que rien n'égalait sa barbarie, si ce n'est son absurdité.

Six siècles d'expérience sur le sol de notre France, depuis les ordonnances de 1272 jusqu'au code de 1832, ont démontré que le résultat espéré de la mutilation, c'est-à-dire l'amélioration du coupable par le désir d'effacer la marque indélébile de son infamie, est une chimère aussi vaine que dangereuse..... dangereuse sans doute, car la mutilation ne rejetait pas seulement de la société le coupable en le signalant au mépris public, elle le mettait encore hors de l'humanité. Marqué d'un signe indélébile, celui qui n'était peut-être qu'égaré devenait un monstre dont la responsabilité diminuait avec les organes d'activité dont on l'avait privé. La société pouvait-elle commander de marcher à celui qu'elle venait de rendre impotent? Aussi cruelle qu'injuste, pouvait-elle exiger le travail de celui qu'elle avait privé de ses bras ou de ses yeux?

Avant de terminer ce chapitre, je crois devoir dire quelques mots de la *Marque*, qui peut presque, par le caractère ineffaçable qu'elle imprimait au condamné, se confondre avec les mutilations.

La marque, peine très-ancienne, connue des Romains sous le nom d'*inscriptio*, consistait à marquer le coupable d'un signe indélébile. Jusqu'à l'empereur Constantin la marque se plaçait sur la figure. Ce prince ordonna de l'imprimer sur la main ou sur la jambe, *afin que la face de l'homme, qui est l'image de la beauté céleste, ne soit pas déshonorée.* Autrefois, en France, on marquait le coupable d'une fleur de lis sur une partie de son corps. Dans la suite on l'a marqué d'un *V* sur l'épaule s'il avait été condamné pour vol, ou des lettres *GAL* quand il avait été condamné aux galères. Plus tard encore on y substitua les lettres *T F* (travaux forcés). Sur la place publique, le coupable, les épaules nues, recevait un instant sur la peau un fer que le bourreau avait fait rougir. Peut-être est-ce à cette fatale et éternelle empreinte qu'il faut attribuer en partie les maux causés à la société par les forçats libérés. En infligeant à un condamné une marque éternelle, on bannit de son cœur l'espoir de rentrer dans la société et d'y figurer comme citoyen après avoir expié ses fautes. Cette marque insultante, qui le séparait à jamais de ses semblables dont il devenait l'ennemi forcé, a été abolie par la loi du 28 avril 1832.

VI

SUPPLICES SUIVIS DE MORT

La peine de mort fut en usage sous toutes les législations et chez tous les peuples du monde; elle dut être, malheureusement, pendant un temps trop long, accompagnée de tortures atroces.

Le droit de punir est une nécessité attachée à l'ordre social; c'est un droit incontestable en effet et incontesté que celui qui appartient à toute association humaine de veiller à sa conservation, et conséquemment d'instituer des peines contre tout délit qui tendrait à la dissoudre ou à la troubler; c'est un devoir de l'association en corps de protéger la vie, l'honneur et la propriété de chacun de ses membres contre toute violente atteinte, car c'est pour obtenir cette protection individuelle que l'association s'est établie et s'est maintenue. Aussi, partout où il se forma des réunions de plusieurs familles, il ne tarda pas à s'introduire des peines qui durent varier, selon que les intérêts de l'association se modifièrent, ou suivant que la civilisation fit des progrès.

C'est d'après cette loi naturelle et obligatoire qu'une longue suite de siècles s'est écoulée sans qu'en France ni ailleurs, il se soit élevé de doutes sur la légitimité de la peine de mort. Tout en en déplorant la nécessité, les écrivains les plus philanthropes se bornaient à demander qu'elle fût resserrée dans ses plus étroites limites. Quelques-uns avaient exprimé le vœu si humain qu'en l'appliquant on l'exemptât au moins de toutes les tortures qui l'aggravaient. Enfin tous les publicistes considéraient avec douleur, mais sans hésitation aucune, la peine de mort comme un châtiment nécessaire (1).

Telles étaient les opinions et les habitudes de nos sociétés européennes, lorsqu'au siècle dernier, un savant italien, Beccaria, fit paraître un ouvrage (2) dans lequel il s'élevait contre la peine de mort; cette opinion devait, quelques années après, être soutenue par le jurisconsulte anglais Bentham (3) et trouver par là même de nombreux partisans parmi ceux auxquels répugne si naturellement l'effusion du sang. L'époque où s'agitait cet important débat semblait favorable aussi à l'innovation proposée : les esprits disposés en France à de nombreuses réformes ne pouvaient manquer, sinon d'accueillir celle-ci, au moins de l'examiner avec soin et attention. Elle devint, dans l'Assemblée constituante, et sur le rapport

---

(1) MONTAIGNE : *Essais*, liv. II, chap. II.
(2) *Traité des Délits et des Peines.*
(3) *Traité de Législation*, ch. IX.

de Michel Lepelletier de Saint-Fargeau, l'objet d'une sérieuse et savante discussion. Malgré l'unanimité des membres composant les deux comités de constitution et de législation criminelle (1), l'Assemblée se borna à restreindre les cas où la peine capitale pouvait s'appliquer, et à écarter ce qu'elle offrait de plus barbare dans les divers modes d'exécution, que je me propose de passer en revue dans les pages suivantes. La question devait se reproduire sous la Convention nationale, et cette fois ce fut sans beaucoup d'efforts que l'abolition de la peine de mort fut admise en principe, mais avec *ajournement jusqu'à la paix générale*, terme toujours reculé et auquel on n'était pas encore parvenu quand, sous l'Empire et en 1810, fut rédigé le nouveau Code pénal des Français. Celui-ci, de même que la loi émanée de l'Assemblée constituante, admet ou maintient la peine de mort dans plusieurs cas déterminés.

(1) Ces membres étaient les députés : Thouret, Sieyès, Target, Talleyrand-Périgord, Desmeuniez, Rabaud-Saint-Etienne, Tronchet, Le Chapellier, Beaumetz, Freteau, Lepelletier-Saint-Fargeau, Larochefoucaud, Duport et Dinocheau.

Ce rétablissement, par la volonté souveraine, de la peine de mort ne pouvait ni prescrire le silence aux écrivains, ni les empêcher par leurs écrits d'arriver au perfectionnement de la législation, sur le point le plus important des institutions humaines. Lors de la Révolution de 1848, après l'ouvrage de M. Charles Lucas, et les pages si éloquentes de notre grand poëte Victor Hugo, la question de la peine de mort fut encore soumise à la Chambre. Un nouveau pas fut fait, car l'abolition de la peine de mort, en matière politique, fut votée à une grande majorité.

Il n'entre pas dans le cadre de cet ouvrage de présenter et de tracer une analyse des nombreux écrits qui ont paru pour ou contre l'abolition de la peine capitale. Quel que doive être définitivement le sort réservé à cette importante question, qu'il me soit permis de dire ici qu'on ne saurait nier ni méconnaître les immenses services qu'a rendus Beccaria en l'agitant et en ouvrant une voie où tant d'autres écrivains de cœur et de talent l'ont suivi; car, ne l'oublions pas, si ce nouveau et généreux système n'a pas encore obtenu tout l'effet qu'en attendait son auteur, du moins a-t-il conduit à examiner beaucoup de cas auxquels s'appliquait la peine de mort, et à en diminuer considérablement le nombre. Ce n'était pas seulement le meurtre prémédité ou la conspiration contre l'État qui étaient frappés de cette peine : parmi les crimes auxquels elle était infligée, on comptait le rapt, les exactions pécuniaires commises par les greffiers, la rébellion à la justice, même sans homicide, la banqueroute frauduleuse, le faux commis par les officiers publics (1), le péculat (2), le faux témoignage en matière grave (3), le vol avec effraction dans les maisons ou sur la voie publique, même sans port d'armes (4), la contrebande avec attroupement de cinq personnes ou plus (5), l'usage de faux poinçons en matière d'orfèvrerie (6), le vol domestique le plus

(1) Édit de 1060.
(2) Ordonnance de 1531.
(3) Ordonnance de François Ier de 1545.
(4) Ordonnance du 15 janvier 1534.
(5) Déclaration du 2 août 1729.
(6) Déclaration du 24 janvier 1724.

modique (1), les profanations sacriléges (2), le duel, même non suivi de blessures (3), etc., etc. Sans fouiller davantage dans les monuments épars de l'ancienne législation de la France, pour y trouver d'autres exemples de cette exorbitante application de la peine de mort, heureusement plus limitée depuis l'introduction, dans le code criminel, des circonstances atténuantes, je vais faire une rapide énumération des trop nombreux supplices ayant pour but de donner la mort, et qui furent en usage depuis les temps les plus reculés jusqu'à nos jours.

Le supplice de la *Croix*, s'il est le plus ancien de ceux qu'on a imaginés, est aussi le plus cruel; à ce double titre, il doit occuper le premier rang dans l'étude que j'ai entreprise. Employé dès la plus haute antiquité chez tous les peuples, il est encore en usage dans certaines contrées de l'Asie, au Japon, par exemple, où le crucifiement est

(1) Déclaration du 30 mars 1724.
(2) Édit de juillet 1682.
(3) Édit de 1679.

assez commun. Ce supplice consistait à faire mourir quelqu'un en le clouant sur du bois, disposé en croix de différentes manières. L'instrument du supplice ne fut d'abord qu'une simple pièce de bois plantée en terre sur laquelle le condamné était fixé avec des cordes ou des clous; souvent la pièce de bois était remplacée par un arbre : alors le criminel était ou cloué au tronc ou attaché par les bras à des branches différentes; mais le plus ordinairement la croix était composée de deux pièces de bois différemment assemblées; elle avait tantôt la forme d'un T, tantôt la forme d'un X, comme celle que nous appelons croix de St-André, tantôt celle d'un Y, et alors elle prenait le nom de fourche (furca). Il y avait encore une infinité d'autres croix diversement construites comme celle, par exemple, où fut attaché le Sauveur du monde; mais jamais elles ne s'éloignèrent beaucoup des trois formes principales que je viens d'indiquer (1).

Cette variation si grande des formes diverses

---

(1) Pour plus de détails voir : *Lipsii Justi de cruce Libri tres.* Amstelodami, 1670.

et multipliées que prenaient les croix explique comment le mot latin *crux* signifie plutôt *torture*, de même que *cruciare* signifie *tourmenter*. Les Romains avaient, pour désigner ce supplice, d'autres termes, tels que *infelix arbor, infelix lignum, infamis stipes patibulum,* bien plus souvent employés que le mot *crux*.

Les écrivains sont partagés sur plusieurs points concernant le mode de mettre ce supplice à exécution. Le condamné était-il attaché à la croix avant qu'elle fût plantée en terre, comme les peintres le représentent dans le crucifiement de Jésus-Christ ? quel était le nombre de clous employés ? le patient était-il nu ou couvert ? ses pieds étaient-ils appuyés sur un petit tasseau ou cloués ? En s'arrêtant aux conjectures les plus vraisemblables, on doit penser que les condamnés étaient cloués d'abord sur la croix, et que cette croix, hissée au moyen de cordages et de leviers, était plantée en terre ; pour ceux qui étaient simplement attachés, on pouvait, au moyen d'échelles, les garrotter sur la croix déjà plantée.

Les Grecs et les Romains laissaient mourir

les condamnés sur la croix (1). Les Juifs, au contraire, avaient coutume de les détacher pour les enterrer, mais après leur avoir brisé les os des cuisses, dans le cas où ils n'étaient pas encore morts. Ce complément de cruauté avait presque toujours lieu, car, avant de les mettre en croix, ils leur faisaient boire du vin excellent, mélangé de drogues fortifiantes et surtout de myrrhe, d'où le nom de *vinum myrrhatum*. Les condamnés, une fois placés sur la croix, on avait soin de leur donner de temps en temps du vinaigre, où l'on avait fait infuser de l'*hysope*, plante qui avait, selon Pline, la propriété d'étancher le sang. Lorsque les soldats vinrent pour rompre les jambes au Sauveur du monde, ils le trouvèrent mort ; un des soldats alors lui perça le côté avec une lance.

Cicéron, en dirigeant contre Verrès une accusation pour avoir fait crucifier un citoyen contre la disposition des lois, nous donne une preuve que ce supplice n'était jamais réservé

---

(1) Les corps devaient tomber en pourriture.

aux citoyens. Valère-Maxime nous a fait parvenir de tristes détails sur le mode de mettre cette sentence à exécution. L'esclave condamné à ce supplice devait, après avoir été battu de fouets de cuir, être traîné aux travers des rues les plus fréquentées, attaché aux bras d'une fourche.

Le supplice de la croix fut aboli par Constantin, et à partir de cette époque cet instrument, réputé jusque-là infâme, est devenu l'objet de la vénération des chrétiens. Si ce supplice apparut quelquefois encore dans les siècles suivants, la croix conserva toujours la forme de celle de Saint-André. Avant le siècle dernier, où l'on vit, à l'époque des saturnales du cimetière Saint-Médard, de malheureuses convulsionnaires se faire crucifier, les cas où ce cruel supplice fut mis en usage sont heureusement rares. En 1127, Louis le Gros fit mettre en croix Bertholde, auteur de l'assassinat de Charles le Bon, avec un chien attaché près de lui, qu'on battait de temps en temps afin de le faire mordre (1). Le triste usage de crucifier

(1) Aimon.

la tête en bas fut en vigueur chez les Macédoniens, et mis quelquefois, suivant certains auteurs, en usage en France pour les juifs et les hérétiques.

La *Décapitation* semble être une peine aussi ancienne que le monde. En Chine et au Japon elle est en usage depuis un temps immémorial, aussi bien qu'en Perse; dans la première de ces contrées elle passe pour le supplice le plus infamant parce que le criminel en mourant de cette façon ne conserve pas son corps tel qu'il l'a reçu de la nature. Chez les Romains la décapitation se faisait de deux manières différentes : par la hache, selon l'ancien usage, *more majorum*, c'était l'ouvrage des licteurs; dans ce cas ce supplice n'avait rien de déshonorant; par l'épée, c'était alors le bourreau qui l'infligeait, et il était infamant. Les Romains semblent avoir été les premiers à se servir de la hache pour exécuter ce châtiment. Comme le patient devait être couché, les licteurs frappaient de leurs verges le criminel jusqu'à ce qu'il tombât de faiblesse. En France la décapitation était réservée pour les nobles : les chroniques sont remplies de ce supplice ; un exemple suffira pour donner une idée de son mode d'exécution : « Le premier jour de juillet 1413, le prévôt de Paris (1) fut pris dans le palais, assis sur une charrette, une croix de bois en la main, vêtu d'une houppelande noire, fourrée de martre, une chausse blanche, et un escafin à ses pieds. En ce point mené aux halles de Paris, quant il vit qu'il convenait qu'il mourût, il s'agenouilla devant le bourreau, et baisa une petite image d'argent qu'il avait en sa poitrine, et lui pardonna sa mort moult doucement, et pria tous les seigneurs que son fait ne fut point crié, jusqu'à ce qu'il fut décollé, et on lui octroya (2). »

L'époque où la décapitation fut en France le plus en usage fut celle où Richelieu, dans le but de donner raison à sa politique, s'attaqua à la noblesse de France, et fit tomber plus de têtes par le tranchant du glaive qu'on n'en avait abattu depuis l'origine de la monarchie. Tout

---

(1) Pierre des Essarts.
(2) *Journal d'un bon bourgeois de Paris*, sous Charles VI et Charles VII.

le mérite de cette exécution capitale reposait sur l'habileté du bourreau, qui malheureusement ne pouvait s'exercer que par l'habitude. L'histoire conserve des exemples effrayants de maladresse. Qui ne sait que de Thou ne fut décapité qu'au onzième coup : le bourreau s'était troublé. Un événement semblable arriva, comme on le verra plus loin, à l'exécution de madame Tiquet. En Angleterre, ce supplice atroce d'être exposé à recevoir plusieurs morts au lieu d'une, ne peut se rencontrer. Le patient, couché de toute sa longueur, pose sa tête sur un billot, qui n'a que six pouces de hauteur, ce qui rend l'exécution et plus sûre et plus prompte. Mais hâtons-nous d'ajouter que malheureusement la décapitation en Angleterre était, et est encore une faveur que la clémence du souverain n'accorde que rarement. On n'y connaît guère d'autre genre de supplice que la corde. Ce supplice, qui est encore en usage en Allemagne, a été remplacé en France par l'instrument inventé, ou pour mieux dire, perfectionné par le docteur Guillotin.

En France, concurremment avec la décapitation, figurait la *Pendaison*. Si, comme je l'ai dit, le premier supplice était exclusivement réservé à la noblesse, le second, au contraire, n'était subi que par les vilains. J'ajoute cependant qu'il fut un temps où les nobles subissaient quelquefois cette peine : par exemple, le gentilhomme qui séduisait ou déshonorait une demoiselle confiée à sa garde était dépouillé de son fief, et s'il avait agi avec violence il était pendu (1). Enfin des personnages considérables, subirent aussi après leur mort, l'ignominie d'être exposés à la potence. Parmi eux est-il besoin de citer : Enguerrand de Marigny, ministre de Philippe le Bel ; Jean de Montaigu, ministre de Charles VI ; Olivier le Daim, favori de Louis XI ; Jacques de Beaume de Semblançay, surintendant des finances sous François Ier; l'amiral de Coligny, dont le cadavre était déjà tombé en putréfaction, lorsque Charles IX, entouré de toute la cour, alla le voir au gibet. C'est dans cette

---

(1) *Journal d'un bon bourgeois de Paris*, sous Charles VI et Charles VII.

occasion que le jeune monarque, empruntant le triste mot d'un empereur romain, osa dire aux personnes qui se tenaient à l'écart : « Sachez que le corps d'un ennemi mort ne sent jamais mauvais. » Parmi les victimes dont le corps fut arraché au gibet après leur supplice, je citerai encore Delisle, un des puissants seigneurs du XIVe siècle, et Brisson, qui devait succéder au président de Harlay (1).

Le criminel condamné à la potence devait avoir trois cordes au cou : les deux premières, de la grosseur du petit doigt et appelées Tortouses, avaient chacune un nœud coulant et servaient à étrangler le patient. La troisième, appelée le Jet, ne servait qu'à jeter le patient hors de l'échelle. Assis dans la charrette de l'exécuteur, le dos tourné au cheval, il avait

---

(1) Le curé de Saint-Merry, instruit que ce brigand avait épousé la nièce du pape, le fit enterrer dans son église pour s'attirer les bonnes grâces du Saint-Père, et lui adressa la lettre suivante, d'une admirable naïveté :

« A peine votre neveu était-il pendu, qu'avec grand luminaire nous allâmes le prendre à la potence et nous le fîmes porter en notre église, où nous l'avons enterré honorablement et gratis. » (Bibliothèque Impériale. Manuscrits.)

à côté de lui le confesseur et derrière le bourreau. Arrivé à la potence où était appuyée et liée une échelle, le bourreau montait le premier à reculons et aidait, au moyen d'une corde, le criminel à monter de la même façon. Le confesseur descendu, d'un coup de genou et aidé du Jet, l'exécuteur faisait quitter l'échelle au patient qui se trouvait suspendu. Puis le bourreau, se tenant des mains aux branches de la potence, à force de secousses et de coups de genou dans l'estomac, terminait le supplice par la mort.

Le supplice de la corde disparut devant la guillotine; avant la révolution et dans les derniers temps où il était encore en usage chez nous, il servait à punir un grand nombre de crimes et de délits, tels que: l'infanticide, la bigamie, le vol domestique, le vol militaire, la désertion, la fabrication de fausse monnaie, l'assassinat. Sans m'étendre longuement sur l'histoire de ce supplice chez les autres nations, je dois cependant en dire quelques mots relativement à l'Angleterre, où il n'a point été remplacé par la guillotine et où par conséquent elle est restée comme la seule peine de mort, avec la décapitation. Aussi, lorsque l'accusé est déclaré coupable d'un crime capital, le juge lui prononce sa sentence en ces termes: « X..., vous êtes condamné à être pendu par votre cou jusqu'à ce que vous soyez mort, mort, mort (1) ». Les criminels condamnés, en attendant leur supplice, se réjouissent autant qu'ils le peuvent dans leur prison, mangent tout ce dont ils peuvent disposer, et convertissent en espèces jusqu'à leur propre cadavre, qu'ils vendent d'avance aux chirurgiens. Le condamné marche au supplice dans une charrette tendue de noir. Arrivé au bas de la potence, le bourreau prend des mains du patient la corde qui doit servir à son exécution, fixe un côté de cette corde à la traverse de la potence et l'autre bout au cou du patient. Ceci fait, l'exécuteur lui couvre la tête d'un bonnet qu'il rabat sur le visage jusqu'au menton; alors sur le signal que fait le premier shériff,

---

(1) X.... You are sentenced to be hanged by your neck, till you be dead, dead, dead.

il fouette le cheval, la charrette avance et le patient reste suspendu. Après une heure de suspension on détache le corps, qui est rendu aux parents ou livré aux écoles d'anatomie dans le cas d'assassinat seulement.

Au XIe siècle, en France, alors que la validité des contrats reposait seulement sur la foi des témoins, on avait coutume, le jour de la signature d'un acte, de frapper les jeunes gens et les enfants assez fort pour leur graver dans la mémoire ce fait important (1). Le même usage existe encore en Espagne à propos de la pendaison : plus d'une mère est dans l'habitude de mener ses enfants en bas âge au spectacle d'une semblable exécution et de les frapper violemment au moment du dernier soupir du mourant, afin que l'exemple gravé chez eux les préserve à jamais de pareils crimes. La potence a été en usage chez tous les peuples. Au Maroc, lorsqu'un condamné doit subir ce supplice, on le pend par les pieds à un gibet, et on

---

(1) Cartulaire de Saint-Jean en Vallée. Bibliothèque impériale. Manuscrits.

lui coupe la gorge. Les annales de notre histoire nous citent, comme un événement extraordinaire, une femme pendue en 1449, « Car oncques plus ne fut vu au royaume de France (1). »

Une autre peine qui, de tout temps, chez les peuples civilisés comme chez les peuples sauvages, a été fort en usage, c'est le *Bûcher*; mais nous devons dire que, presque toujours, cette peine a été appliquée aux crimes qui réclamaient de grands exemples. Le fanatisme n'a pas cessé d'allumer les bûchers pour assouvir ses vengeances, sous le prétexte de venger les offenses faites à la Divinité. Néanmoins comme je crois l'avoir dit précédemment, ce supplice était aussi usité chez les anciens. Vulcatius Gallicus a laissé une description révoltante de la manière dont ils brûlaient les criminels. On élevait un bûcher haut de cent quatre-vingts pieds romains, sur lequel on attachait, à différentes hauteurs, les hommes condamnés à périr par le feu. En France,

(1) Monstrelet.

depuis le commencement de la monarchie jusqu'en 1789, ce genre de supplice a eu lieu dans des circonstances où il s'agissait moins de punir les coupables que de porter la terreur dans les esprits. Tout d'abord le supplice du bûcher se préparait et s'exécutait de cette façon : on commençait par planter un poteau de sept à huit pieds de long autour duquel, laissant la place du patient, on construisait un bûcher en carré, composé alternativement de fagots, de bûches et de paille. Avant que le bûcher ne fût monté à la hauteur d'un homme, on y faisait entrer le patient, qui, déshabillé et couvert seulement d'une chemise soufrée, était attaché au poteau, par les pieds, par le cou et par le milieu du corps; ensuite on finissait la construction du bûcher, puis on mettait le feu de toutes parts. Le plus ordinairement la douleur des flammes était évitée aux condamnés. Comme les constructeurs du bûcher se servaient ordinairement de crocs de batelier, dont le fer avait deux pointes, on ajustait un de ces crocs dans le bûcher en le confectionnant, de façon que la pointe se trouvât vis-à-vis du cœur, et, aussitôt que le feu était mis au bûcher, on poussait fortement le croc qui, en perçant le cœur du criminel, lui donnait la mort. Plus tard, on se contenta d'élever un bûcher et d'y placer debout, attaché à un poteau, le criminel ; entre autres exemples célèbres de ce supplice, on peut citer Jeanne d'Arc. Comme nous l'avons déjà dit, en France, le supplice du feu punissait, non pas seulement le crime, mais le plus souvent les opinions. L'infanticide paraît, sous Louis IX, avoir été puni de cette peine. Nous lisons en effet que, « s'il arrive à une femme de tuer ou d'étouffer son enfant par cas fortuit, soit de jour, soit de nuit, elle ne sera pas condamnée la première fois au supplice du feu ; la seconde, elle sera condamnée au feu, parce qu'en elle ce sera une habitude criminelle (1). » Mais, à part de très-rares exemples, le bûcher ne s'éleva guère, en France, que pour punir les opinions religieuses. Ainsi, on brûlait un juif parce qu'il n'était pas chrétien, un protestant parce qu'il n'était pas catholique, un

---

(1) Établissements de Louis IX.

catholique même parce qu'on le soupçonnait d'être athée. Que de sentences, emportant ce terrible supplice, portaient ces mots : *X....., oubliant toute crainte de Dieu, aurait commis crime d'apostasie et de lèze majesté divine au premier chef, ayant combattu la Sainte-Trinité, renié Nostre Seigneur et Sauveur Jésus-Christ, blasphémé son saint nom, renoncé son baptême pour embrasser le judaïsme et la circoncision, et se serait parjuré.*

En 1314, cinquante-neuf Templiers sont brûlés vifs près l'abbaye Saint-Antoine; le grand bailly, Jacques de Molay et Guy Dauphin, fils de Robert II, furent jetés vifs dans les flammes à l'endroit où se trouve la statue de Henri IV. Deux cent-un témoins les avaient accusés de renier Jésus-Christ. Le véritable crime des Templiers ne fut que leurs richesses. Pour les dépouiller, on dut les accuser de forfaits effroyables et révoltants.

En Angleterre, les opinions religieuses furent aussi presque les seuls crimes punis par le bûcher. La chronique ancienne relate la triste mort de cette femme enceinte, brûlée comme hérétique. Au moment où l'on mettait le feu au bûcher, l'effroi et les douleurs la firent accoucher. L'enfant fut rejeté dans les flammes, comme étant un petit hérétique.

Dans l'Inde et chez les sauvages de l'Amérique du Sud le supplice du feu est réservé surtout aux ennemis. Il faut citer un exemple pour montrer à quelles atroces tortures ils soumettent le malheureux prisonnier : « Ils plantent en terre un gros pieu auquel ce dernier est attaché par les deux mains ; les sauvages s'étant assis autour du poteau, on allume à quelques pas de là un grand feu où ils font rougir des haches, des canons de fusil et d'autres ferrements. Ensuite ils viennent les uns après les autres, et les lui appliquent tout rouges sur les diverses parties du corps. Il y en a qui le brûlent avec des tisons ardents, d'autres lui remplissent ses plaies de poudre et lui en frottent tout le corps, après quoi ils y mettent le feu. Enfin chacun le tourmente suivant son caprice, et cela pendant quatre ou cinq heures, quelquefois même pendant un et deux jours. »

Le supplice qui consistait à *enterrer vivant*

le coupable fut en usage chez les anciens et eut lieu à Rome, pour la première fois, sous le règne de Tarquin l'Ancien. Ce fut primitivement des Romains, qui faisaient ainsi périr les vestales qui avaient violé leur vœu de chasteté, que ce supplice passa en France, où il ne devait heureusement pas être longtemps en usage. Sous Pépin et ses premiers successeurs, les juifs étaient enterrés vivants. Dans la suite quelques autres exemples nous sont conservés par l'histoire : un nommé Prévot, natif de Paris, fut enterré vivant par ordre de Philippe Auguste, pour avoir porté un faux serment (1). En 1295, Marie de Romainville, soupçonnée de larcin, fut enterrée vivante à Auteuil, par sentence du bailli de Sainte-Geneviève. En 1302, le même bailli condamna à cet horrible supplice, Amelotte de Christeuil pour avoir dérobé, entre autres choses, une cotte, deux anneaux et deux ceintures. En 1460, sous Louis XI, Perrette Mauger fut enterrée vivante comme laronnesse et re-

---

(1) SAUVAL. *Antiquités de Paris.*

céleuse. Ce supplice, longtemps en usage en Angleterre, s'était conservé en Allemagne à l'égard des femmes ayant fait périr leurs enfants (1).

Les Romains, dans la prison de leur ville, appelée Tullianum, avaient un endroit très-élevé d'où l'on précipitait les criminels dans un gouffre qui portait le nom de *Barathrum*. Ce gouffre, revêtu de pierres de taille, était hérissé de crampons de fer crochus ; quelques-uns avaient la pointe en haut et d'autres de côté pour déchirer et accrocher les condamnés. Ce fut, sans aucun doute, ce Barathrum de l'ancienne Rome qui donna naissance en France aux *Oubliettes*, primitivement construites dans les prisons pour servir de cachots aux condamnés à une détention perpétuelle, mais qui, au moyen âge, ne furent qu'un autre genre de mort qu'on ne peut mieux comparer qu'à celui précédemment cité et qui consistait à enterrer vivant. Qui ne connaît l'histoire des oubliettes du cardinal de Richelieu ? Ces oubliettes, situées dans son château de Bayeux

---

(1) *Ordonnance Caroline*, chap. 131.

et fouillées à la fin du siècle dernier, firent découvrir les ossements de plus de quarante cadavres avec les débris de leurs vêtements, montres, bijoux et argent. Le cardinal comblait de caresses et d'amitié ceux qu'il ne pouvait attaquer publiquement; il les faisait sortir par un escalier dérobé, au bout duquel était le gouffre qui attendait la victime de ce guet-apens. Les premiers qui y restèrent furent ceux-là même qui l'avaient creusé. En 1804 on découvrit, à Grenoble, des oubliettes en tout semblables au Barathrum romain. Les crampons de fer étaient remplacés par des lames tranchantes. Le condamné ne pouvait échapper à la mort : ou il mourait de ses blessures, ou il mourait de faim. Les couvents et les abbayes avaient aussi leurs oubliettes (1), qui prenaient le nom de *In pace*. Avant de précipiter le moine coupable dans ce trou, où il devait inévitablement trouver la mort, on le conduisait en plein chapitre, on le plaçait sur

---

(1) Des oubliettes de ce genre furent découvertes à Paris en 1790.

une sellette pour lui lire sa sentence; ceci fait, on le promenait processionnellement avec la croix, les cierges, le bénitier, l'encensoir, près de l'*In pace*. Puis, après avoir chanté le *Libera*, aspergé et encensé le criminel, après lui avoir donné un pain, un pot à l'eau, un chapelet, un cierge béni, on le descendait dans le caveau, où il mourait bientôt de désespoir et de rage (1). Disons, pour terminer, que les oubliettes servirent bien plus souvent la cruauté et la vengeance particulières, qu'elles n'aidèrent la société à punir un de ses membres révoltés.

Un des plus affreux supplices des temps anciens fut l'*Écartèlement*. Tout d'abord, sous l'empereur Aurélien qui avait voulu, par des peines très-sévères, rétablir la discipline dans les troupes romaines, le soldat qui avait commis le crime d'adultère avec la femme de son hôte était condamné à subir l'écartèlement par les branches d'arbres. A deux grosses branches que l'on avait fait fléchir avec effort

---

(1) Ces détails sont donnés par Delangle, dans un ouvrage assez rare : *Voyage en Espagne*.

en les attirant à soi et qu'on avait soin de maintenir dans cette position avec des cordes, on attachait les pieds du soldat coupable; ces branches, qu'on abandonnait ensuite à leur élasticité, se partageaient le corps de ce malheureux. Mais l'écartèlement le plus en usage, et qui subsista jusqu'en 1757 (1), consistait à attacher le patient par les pieds et par les mains à quatre vigoureux chevaux qui tiraient en sens contraire jusqu'à ce que les membres fussent séparés du tronc. Presque toujours ce supplice horrible était réservé à ceux qui s'étaient rendus coupables du crime de lèse-majesté. Deux heures de souffrances impossibles à décrire étaient endurées par le patient avant qu'il rendît le dernier soupir. Malgré ce raffinement de cruauté, l'écartèlement était précédé de plusieurs autres peines qui ne faisaient qu'ajouter à sa barbarie. En effet, le criminel, après avoir fait amende honorable et avoir subi la question ordinaire et extraordinaire, était conduit nu au supplice dans une charrette.

(1) Damiens fut le dernier régicide écartelé.

Il était placé à plat sur le dos au milieu de l'échafaud (1), haut de deux pieds et demi à trois pieds, où il était attaché avec des chaînes, dont l'une lui entourait la poitrine et l'autre les cuisses ; on lui liait ensuite à la main droite l'arme dont il s'était servi, puis on la lui brûlait avec un feu de soufre. Ensuite, avec des tenailles, on lui arrachait des morceaux de chair aux cuisses, aux mamelles, aux bras et aux mollets ; puis on versait sur ces blessures une composition de cire, de soufre et de résine. Cela fait, on attachait une corde à chaque membre, aux jambes, depuis le genou jusqu'au pied, et aux bras, depuis l'épaule jusqu'au poignet ; le surplus de la corde s'attachait au palonnier de chaque cheval, qu'on faisait tirer d'abord par petites secousses, puis ensuite à toutes forces. Le plus souvent, malgré l'effort des quatre chevaux, les membres ne se séparaient pas : alors le bourreau faisait des entailles à chaque jointure, afin de hâter la fin du sup-

(1) Anciennement on disait *chaffault*. Il est ainsi écrit en un acte de 1413, dans un recueil de pièces concernant la ville de Dijon.

plice. Chaque cheval entraînait un membre; on réunissait ensuite sur un bûcher ces lambeaux sanglants, et on les brûlait. C'est de cette triste et cruelle façon qu'après Jean Chastel, qui, en 1595, avait blessé Henri IV d'un coup de couteau au visage, nous voyons périr Ravaillac et Damiens, ces deux régicides dont l'histoire a conservé la longue et cruelle agonie.

Le supplice de la *Roue* est de toute antiquité, si on ne le fait pas consister dans la rupture des membres. La fable n'a-t-elle pas placé un tourment de ce genre dans son enfer? Les poëtes ne parlent jamais de ce lieu de punition sans peindre la roue sur laquelle Ixion est attaché tournant sans cesse (1). S'il est vrai que le supplice de la roue ait été en usage chez les peuples anciens, il fut renouvelé tout d'abord en Allemagne et devint l'équivalent de ce qu'on pourrait appeler être rompu vif. Jusqu'au règne de François I*er* il fut peu en usage en France. Grégoire de Tours en cite le pre-

(1) Virgile décrit ce supplice au liv. IV de ses *Géorgiques*.

mier un exemple: *D'autres furent étendus sur l'ornière des routes, et, des picux étant fixés en terre, on fit passer dessus des voitures chargées et on brisa ainsi sous les roues les os de ces malheureux, qui furent ensuite donnés en pâture aux oiseaux et aux chiens.* Mais notons ici que ce n'était pas là le vrai supplice de la roue, tel au moins que dans la suite il devait être subi : Suger, dans la *Vie de Louis le Gros,* nous cite un exemple où ce supplice commence à se rapprocher de celui si souvent répété en France à partir du xvi° siècle (1). Ce supplice atroce consistait à placer le condamné les jambes écartées et les bras étendus sur deux morceaux de bois disposés en croix de Saint-André, et taillés de manière que chaque membre portât sur un espace vide. Le bourreau lui brisait à coups de barre de fer (2) les

---

(1) Bouchard, assassin de Charles le Gros, fut lié sur une roue élevée où il resta exposé à la voracité des oiseaux de proie, après avoir péri à coups de flèches, de dards et de javelots, qu'on lui lançait d'en bas.

(2) Cette barre de fer carrée, longue d'un pied et demi, se terminait par un bouton.

bras, les avant-bras, les cuisses, les jambes et la poitrine. On l'attachait ensuite sur une petite roue de carrosse supportée par un poteau. On ramenait les jambes et les bras brisés derrière le dos, et on tournait la face du supplicié vers le ciel afin qu'il expirât en cet état. Je dois ajouter que souvent par un *retentum* (1) les juges ordonnaient d'étrangler le patient avant de lui briser les os.

Si l'on en croit Tallemant des Réaux, auteur, du reste, assez suspect, les amateurs de supplices se plaignaient au XVIIe siècle de ce qu'on leur enlevait ainsi une partie du spectacle (2). Quoi qu'il en soit, ce supplice fut cer-

---

(1) *Retentum* signifiait ce qui était retenu *in mente judicis*. Le *retentum* n'était guère usité qu'en matière criminelle, par exemple : lorsqu'un homme était condamné au supplice de la roue, la cour mettait en *retentum* que le criminel serait étranglé au premier, second ou troisième coup. L'usage du *retentum* est fort ancien. On en trouve un exemple dans des registres de 1310, où il est dit que le Parlement condamna un particulier à l'amende de deux mille livres au profit du roi. *Sed intentio curiæ est quod non leventur nisi mille libræ et quod rex quittet residuum.*

(2) *Historiettes*, tome IV, page 117.

tainement un des plus répandus en France, et, chose affreuse à dire, c'est que plusieurs innocents furent ainsi martyrisés avec une barbarie qu'on retrouve à peine chez les nations les plus sauvages. Qui ne connaît l'histoire du malheureux Calas? La roue ne fut supprimée en France qu'à la révolution, lorsqu'en 1790 il fut décrété que la guillotine serait désormais le seul instrument pour la peine capitale.

Dès le commencement de la monarchie, les sorciers furent condamnés à être *noyés*. En 1181, Philippe-Auguste rendait un édit par lequel ceux qui prononçaient les jurements de têtebleu, ventrebleu, corbleu, sangbleu, devaient payer une amende s'ils étaient nobles ou être noyés s'ils étaient roturiers. Charles VI étendit cette peine à tous ceux qui étaient compromis dans un mouvement séditieux. On enfermait ces malheureux dans un sac lié par le haut avec une corde et on les précipitait dans l'eau. Louis de Bois-Bourdon, qui s'était signalé en différentes occasions, et entre autres à la bataille d'Azincourt, allant un jour voir la reine, Isabeau de Bavière, au château de Vincennes, rencontra le roi qui en revenait et qu'il salua, mais sans s'arrêter ni mettre pied à terre. Charles VI, l'ayant reconnu, ordonna à Tanneguy du Châtel, prévôt de Paris, de le conduire en prison. La nuit même il fut mis à la question, puis enfermé dans un sac et jeté dans la Seine, avec ces mots inscrits sur le sac : *Laissez passer la justice du roi*. Louis XI ordonna aussi ce supplice pour certains criminels ; mais fort peu usité en France, il semble avoir disparu quelques années après la mort de ce roi.

Un autre supplice, peut être encore plus atroce que le précédent, était celui qui consistait à être *écorché vif*. Je dois avouer que malheureusement on en a fait souvent usage en France. Marguerite, Jeanne et Blanche, toutes trois femmes des enfants de Philippe le Bel, furent accusées d'adultère. Celle de Louis le Hutin, Marguerite, et celle de Charles, Blanche, convaincues de ce crime (1), avec

---

(1) MEZERAY: *Histoire de France.*

Philippe et Gautier d'Aulnay, furent confinées à Château-Gaillard-d'Andelys, et les galants écorchés tout vifs. En 1366, le chambellan du comte de Rouci fut écorché vif, pour avoir laissé pénétrer par trahison les Anglais à Laon. Au temps où la querelle des Armagnacs et des Bourguignons couvrait la France de sang et de ruines, le connétable d'Armagnac fut livré à ses ennemis par un maçon, chez lequel il s'était caché. Ses ennemis l'écorchèrent vif et formèrent sur son corps une croix de St-André, afin qu'il fût Bourguignon après sa mort.

Ce cruel et monstrueux supplice semble avoir pris naissance chez les Perses. Qui ne connaît la punition que Cambyse (1) fit en-

---

(1) Dans son allégorie du Jugement de Pluton, J.-B. Rousseau a célébré cet événement :

> Fais appeler le juge de Cambyse.....
> A ce discours, un cadavre souillé,
> Couvert de sang et de chair dépouillé,
> S'offre à sa vue, et d'une horreur soudaine,
> Fait frissonner la troupe souterraine.
> Pluton le voit, et de couleur changé.
> — Quel est ton nom ? — Sizame l'affligé !
> — Ta qualité ? — Juge, indigne de l'être.

durer à un juge qui s'était vendu? Il fit étendre sa peau sur le banc de ses collègues. Les Chinois, qui font usage de tortures atroces, écorchent seulement par degrés le corps du criminel, et on lui enlève de petites lanières de peau jusqu'à ce qu'il ait avoué son crime.

Après avoir passé en revue les supplices le plus communément employés pour donner la mort aux criminels, nous arrivons à ceux qui, sur le sol de la France, furent mis en usage pendant un laps de temps bien plus court ou tout au moins ne firent qu'apparaître : je citerai donc tout d'abord la *Lapidation* (1).

Ce supplice, qui consistait à tuer un homme à coups de pierres, était fort en usage chez les

— Et ton pays? — La Perse m'a vu naître.
— Mais qui t'a mis en ce tragique état?
— Ce fut le roi : ce juste potentat
Me fit subir cette peine équitable,
Et, pour laisser un monument capable
D'intimider tout ministre vénal,
Fit de ma chair couvrir le tribunal
Où par mes mains la justice vendue,
Après ma mort, devait être rendue.

(1) Du latin *lapis*, pierre.

Hébreux : quand un homme était condamné à mort, il était conduit hors la ville, ayant devant lui un huissier avec une pique en main au haut de laquelle était un drapeau pour attirer l'attention de toutes parts, afin que ceux qui avaient quelque chose à dire pour la justification du coupable, le pussent exposer avant d'aller plus loin. Si personne ne se présentait, on le lapidait. La lapidation se faisait de deux manières : on accablait de pierres le coupable, ou bien, après l'avoir mené sur une hauteur, l'un des conducteurs le précipitait tandis que l'autre lui faisait rouler une grosse pierre sur le corps. J'ai hâte de dire que la lapidation, très en usage chez les Romains, n'est mentionnée dans les annales de notre histoire qu'une seule fois (1). En 570, Sigebert Ier, roi d'Austrasie, après s'être emparé de Paris, fit lapider quelques séditieux à la tête de son armée. Un Gallo-Romain, nommé Parthenius, ministre du roi Théodebert Ier, avait tenté de soumettre les Francs à l'impôt.

---

(1) Grégoire de Tours.

Ils le poursuivirent après la mort de Théodebert, l'arrachèrent de l'église de Trèves, où il s'était réfugié, l'attachèrent à une colonne, et le lapidèrent. Ce seul fait, s'il n'était accompagné du précédent, ne prouverait pas que le supplice de la lapidation ait été en usage; en tout cas il est incontestable que ce supplice n'apparaît en France que comme une exception.

Il en fut de même de l'*Empalement*, qui ne fut appliqué dans notre pays qu'à l'époque de Frédégonde. Elle le fit subir à une jeune fille remarquable par sa noblesse et sa beauté (1). L'empalement fut très en usage chez les Orientaux, où il subsiste encore aujourd'hui. Voici en quoi consiste ce barbare et horrible supplice : une fois le patient couché à plat ventre, les mains liées derrière le dos, un homme assis sur lui pour l'empêcher de remuer, un autre lui tenant le cou, on lui enfonce un pal dans le fondement, qui ensuite est chassé avec un maillet; une fois le pal planté en terre, le poids

(1) *Scissæ sudi impositam defigi.*

du corps le faisant entrer davantage, il finit par sortir sous l'aisselle ou par la poitrine.

Enfin, en dernier lieu je dois citer l'*Estrapade*, non pas à cause du peu de temps que fut usité ce supplice en France, mais à cause de l'époque récente, comparativement à celles que j'ai passées en revue, où il fut employé. L'invention de l'estrapade remonte seulement à François Ier (1), et c'est sous son règne que la place, lieu ordinaire de ces supplices, prit le nom d'Estrapade, qu'elle porte encore de nos jours. Primitivement, ce genre de supplice employé en France contre les militaires et les marins, consistait à hisser le condamné les mains liées derrière le dos au haut d'une longue pièce de bois et à le laisser retomber de manière que le poids du corps disloquât ses membres. Sous François Ier ces malheureux tombaient dans un brasier enflammé. Auparavant, les individus, bien qu'estropiés pour le reste de leur vie, pouvaient encore sortir vivants de cette cruelle épreuve. L'inno-

(1) Six protestants furent soumis à ce cruel supplice.

vation de François 1ᵉʳ ne devait avoir d'autre résultat que de leur enlever cette dernière chance de salut.

Il est un autre genre de supplice qui en France fut réservé à une certaine classe de criminels: les faux-monnayeurs devaient être *bouillis*. Les lois romaines condamnaient le coupable au supplice du feu avec confiscation de ses biens (1). C'était simplement dans l'eau qu'on faisait bouillir les condamnés; cependant, dans certains cas graves, l'eau était remplacée par de l'huile bouillante. Sauval (2) rapporte qu'en 1410, un gantier de Paris fut brûlé vif dans l'huile pour ce crime, et ajoute que ce supplice était encore en usage au XVIᵉ siècle (3). Au XVIIᵉ siècle, ils ne furent plus condamnés qu'à être pendus, mais toutefois ce ne fut que le 27 septembre 1791, que cette peine tombée depuis longtemps en désuétude, fut définitivement rayée du code pénal français.

(1) Code Théodosien, loi 9. — Code de Justinien, loi 1, 2. et 3, *De falsâ monetâ*.
(2) *Antiquités de Paris*.
(3) *Antiquités de Paris*, tom. II. pag. 596.

Un supplice beaucoup plus rare, et qui suppose un atroce raffinement de cruauté, consistait à étouffer le condamné sous une *chappe de plomb*. On lit dans Mathieu Paris que Jean-sans-Terre fit périr par ce supplice un archidiacre qui l'avait offensé par quelques paroles imprudentes. Dante, qui a décrit ce supplice dans son *Enfer*, ne l'avait donc point inventé.

Les plus anciens monuments historiques font mention de la *Strangulation,* qui a été une des premières inventions du génie destructeur et vindicatif de notre espèce : la strangulation dut vite être remplacée par la pendaison, qui n'était autre que la même peine ; cependant, dans le courant du XIVe siècle, vers 1314, nous voyons un exemple qui prouve que la pendaison n'était pas encore en usage : Marguerite de Bourgogne, petite-fille de Louis IX et femme de Louis le Hutin, ayant été convaincue d'adultère, fut étranglée avec une serviette.

Pour terminer avec cette classe des supplices donnant la mort, mais peu en usage en France, ou n'y ayant fait qu'une courte apparition, il faut dire un mot du *Tenaillement*. Le plus généralement cette peine n'était, il est vrai, que l'adjonction ou les préliminaires d'une peine plus grave; mais dans quelques cas elle était seule imposée au coupable, et comme presque toujours il y succombait, j'ai cru devoir la faire figurer dans cette si navrante histoire des supplices devant entraîner la mort.

Ce supplice atroce, très-fréquent chez les anciens, consistait à tirer et déchirer la peau du patient avec des tenailles rougies au feu (1). Quelquefois on ajoutait à tous ces raffinements

(1) Brantôme cite un exemple de tenaillement où il semble que les défenseurs de la société aient porté aux malfaiteurs cet horrible défi: « Commettez les crimes les plus grands et les plus inouïs, nous saurons nous rendre par notre vengeance plus odieux que vous. En 1584, Gérard, assassin de Guillaume d'Orange, le troisième jour fut tenaillé par-devant aux mamelles et aux bras; le quatrième, il fut de même tenaillé aux bras et aux fesses, et ainsi fut cet homme martyrisé pendant l'espace de 18 jours. Le plus grand qu'il endura, c'est qu'il fut attaché tout nu au milieu de la place, et tout à l'entour de lui fut mis force charbon, auquel on mit le feu. Pour la fin, en dernier martyre, il fut roué et maillotté, dont il ne mourut point et vécut encore plus de six heures. Enfin le lieutenant criminel fut prié de le faire parachever et étrangler. »

de cruauté, en versant du plomb fondu dans la bouche et dans les plaies de la victime.

Un mot aussi de la peine du *talion*, qui était en vigueur anciennement (1), et qui semble être le résultat d'une loi très-juste, puisqu'elle punissait le coupable en lui faisant subir le même mal qu'il avait causé. Une charte de 1185 nous atteste que cette loi, plutôt que cette peine, existait en France : « Que celui qui est convaincu d'un crime rende tête pour tête, membre pour membre (2). » Avec le temps la peine du talion cessa d'être en usage. En France on la remplaça par des peines arbitraires. Mais disons cependant qu'il se conserva toujours quelque chose de cette loi dans un grand nombre de dispositions pénales : ainsi on fendait les lèvres et on perçait la langue aux blasphémateurs, on coupait le poing aux parjures et aux parricides.

(1) Si quelqu'un a tenté de s'emparer du faucon d'autrui, le faucon mangera six onces de chair sur son sein. (Loi des Burgondes).

(2) Et encore : Cartulaire de l'abbaye de Saint-Bertin de Chartres, lettre 51e.

Avant de parler de la guillotine, seul instrument de mort à notre époque, pour la société outragée, je consacrerai quelques lignes au supplice de la *Cale*, réservé spécialement aux marins et matelots. Avant la Révolution on infligeait à l'homme de l'équipage convaincu d'avoir volé, employé des voies de fait envers un officier, excité quelque révolte ou commis un assassinat, le supplice de la cale sèche, qui par conséquent, sur le vaisseau, correspondait à la peine de mort. On attachait le criminel avec une corde qui lui passait sous les bras et allait rejoindre une poulie attachée à la grande vergue précisément au dessus du pont. Trois ou quatre matelots hissaient le coupable jusqu'à la vergue, et lâchant ensuite le bout de la corde, le laissaient retomber sur le pont de toute la pesanteur de son corps, ce qui lui disloquait tous les membres. Il y avait aussi la cale ordinaire ou mouillée : on hissait le patient au haut de la vergue du grand mât, et on le précipitait dans la mer une ou plusieurs fois, selon la nature de la faute qu'il avait commise. Quelquefois on lui attachait aux pieds un boulet de canon pour rendre la chute plus rapide et le supplice plus cruel. A Marseille et à Bordeaux, on soumettait à la cale les filles de mauvaise vie et les blasphémateurs. On les enfermait nus dans une cage de fer amarrée à la vergue d'un navire et on les plongeait plusieurs fois dans l'eau. La loi du 21 août 1790, réformant l'ordonnance de 1681, a ordonné qu'elle ne pourrait être prononcée que par un conseil de justice; un décret du 22 juillet 1806, confirmatif de la précédente loi, porte que l'homme condamné à cette peine ne pourra être plongé plus de trois fois dans l'eau.

J'en ai maintenant fini avec l'histoire épouvantable des divers genres de mort si cruellement mis en usage pendant les temps anciens et jusqu'à la révolution française. Avant d'arriver au seul genre de mort reconnu maintenant par la loi française, et avant de laisser de côté cette ancienne société féodale dont les défenseurs, comme Brantôme le faisait si justement observer tout-à-l'heure, semblaient avoir porté aux criminels ce défi terrible : Commettez les crimes les plus grands et les plus inouïs, nous saurons nous rendre, par notre vengeance, plus criminels et plus odieux que vous; avant, dis-je, d'arriver au supplice de la guillotine, jetons encore un regard en arrière et voyons, comme compensation, quel soulagement, quelles consolations cette même société avait successivement apportés au coupable.

Au moyen âge, un condamné à mort pouvait être sauvé par une femme, si cette dernière consentait à l'épouser. Les historiens en citent de nombreux exemples, et plusieurs contes populaires en ont perpétué le souvenir : qui ne connaît l'histoire du Picard, « auquel étant déjà à l'échelle on amena une pauvre fille qui s'était mal gouvernée, en lui promettant qu'on lui sauverait la vie s'il voulait promettre, sur sa foi et la damnation de son âme, qu'il la prendrait à femme; mais ayant voulu l'aller voir, quand il s'aperçut qu'elle était boiteuse, il se tourna vers le bourreau et lui dit : Attaque, attaque, alle clocque » (1).

(1) Henri Estienne.

Charles VI, sur la prière de Pierre de Craon, le 12 février 1396, abolissait la coutume de refuser des confesseurs aux condamnés (1) à mort. Ce même Pierre de Craon fit dresser auprès du gibet de Paris une croix de pierre avec l'image du Christ, où les criminels s'arrêtaient pour se confesser; en même temps il fit une donation aux cordeliers de Paris pour les obliger à se charger à perpétuité de cette œuvre de miséricorde. Ce furent en effet les cordeliers qui assistèrent d'abord les patients; ensuite les docteurs en théologie de la maison de Sorbonne remplirent cette triste mission. Aujourd'hui les ministres des différents cultes sont autorisés à accompagner les criminels jusqu'au lieu du supplice, soit à pied, soit montés sur la charrette (2). Au moyen âge, l'exécution des criminels était un spectacle

---

(1) Philippe de Mazière, sous le règne précédent, avait inutilement sollicité la même mesure: « Le chef se trouva si entêté et si obstiné à l'encontre, qu'on aurait plutôt fait retourner la roue d'un moulin que cet endurci à changer d'opinion. »

(2) Lorsque Ravaillac fut conduit au supplice, il était accompagné de deux confesseurs à cheval.

qu'on réservait pour les jours de fête; en les menant au supplice on avait soin de leur faire faire plusieurs pauses, entre autres dans la cour des Filles-Dieu, où on leur servait un verre de vin et trois morceaux de pain; on appelait cette collation : le dernier morceau du patient. S'il mangeait avec appétit, c'était d'un bon augure pour son âme.

La Révolution française qui devait rendre tout citoyen égal devant la loi, devait presque en même temps, en cas de crime, le rendre égal aussi devant la mort. Le 21 janvier 1790 paraissait le décret suivant : « Dans tous les cas où la loi prononcera la peine de mort contre un accusé, le supplice sera le même. quelle que soit la nature du délit : le criminel sera décapité, et il le sera par l'effet d'une simple machine. » Cette machine, qui devait prendre le nom, non pas de son inventeur, mais seulement du docteur Guillotin qui l'avait perfectionnée, était la *Guillotine*. Ce zélé citoyen, mu par un sentiment d'humanité qui n'avait pour objet que d'abréger et de rendre moins douloureux le supplice des condamnés, n'avait fait que perfectionner un instrument déjà connu en Italie sous le nom de *mannaia,* dès l'année 1507 (1). » C'était, écrivait au XVIIIe siècle un homme qui venait de visiter l'Italie (2), un châssis de quatre à cinq pieds de hauteur, d'environ quinze pouces de largeur ; il est composé de deux montants d'environ trois pouces en carré, avec des rainures en dedans, pour donner passage à une coulisse dont nous dirons l'usage ci-après. Les deux montants sont joints l'un à l'autre par trois traverses à tenons et à mortaises ; c'est sur l'une de ces traverses que le patient, à genoux, pose son cou. Au-dessus de celle-ci s'en trouve une autre mobile, en coulisse, qui se meut dans les rainures des montants. Sa partie inférieure est garnie d'un large couperet, de 9 à 10 pouces de longueur et de 6 de largeur, bien

---

(1) Jean d'Auton, historiographe de Louis XII, en parle en l'année 1507. « Le bourreau prit une corde à laquelle était attaché un gros bloc avec un couteau tranchant venant d'amont, entre deux poteaux, et tira ladite corde de manière que le bloc tranchant tomba entre la tête et les épaules. La tête s'en alla d'un côté, et le corps tomba de l'autre. »

(2) Le père Labat.

tranchant et bien aiguisé. La partie supérieure est chargée d'un poids de plomb de 60 à 80 livres fortement attaché à la traverse; on lève cette traverse meurtrière jusqu'à un pouce ou deux près de la traverse d'en haut, à laquelle on l'attache avec une petite corde; l'exécuteur ne fait que couper cette petite corde et la coulisse tombant à plomb sur le cou du patient, le lui coupe net. » Lorsque le docteur Guillotin proposa ce genre de mort à l'assemblée constituante, dont il était membre, on s'égaya beaucoup sur son compte : un médecin qui proposait une machine propre à donner la mort! Cependant on devait l'adopter. Louis, célèbre anatomiste, secrétaire perpétuel de l'académie de chirurgie, fut chargé d'un rapport dont nous croyons devoir citer quelques extraits : « L'expérience et la raison démontrent que le mode en usage par le passé pour trancher la tête à un criminel, l'expose à un supplice plus affreux que la simple privation de la vie, qui est le vœu formel de la loi. Pour le remplir, il faut que l'exécution soit faite en un instant et d'un seul coup; les exemples prouvent combien il est difficile d'y parvenir.

» Personne n'ignore que les instruments tranchants n'ont que peu ou point d'effet lorsqu'ils frappent perpendiculairement. En les examinant au microscope, on voit qu'ils ne sont que des scies plus ou moins fines, qu'il faut faire agir sur les corps à diviser. En considérant la structure du col dont le centre est la colonne vertébrale, composée de plusieurs os dont la connexion forme des enchevêtrures de manière qu'il n'y ait point de joints à chercher, il n'est pas possible d'être assuré d'une prompte et parfaite séparation en la confiant à un agent susceptible de varier en adresse, pour des causes morales et physiques; il faut nécessairement, pour la certitude du procédé, qu'il dépende de moyens mécaniques invariables, dont on puisse également déterminer la force et l'effet. Le dos de l'instrument doit être assez fort et assez lourd pour agir efficacement, comme le mouton qui sert à enfoncer des pilotis : on sait que sa force augmente en raison de la hauteur d'où il tombe. Il est aisé de faire construire une pareille machine dont l'effet est immanquable:

la décapitation sera faite en un instant suivant le vœu et l'esprit de la nouvelle loi ; il sera facile d'en faire l'épreuve sur des cadavres et même sur un mouton vivant. On verra s'il ne serait pas nécessaire de fixer la tête du patient par un croissant qui embrasserait le cou au niveau de la base du crâne ; les cornes ou prolongements de ce croissant pourraient être arrêtées par des clavettes sous l'échafaud.. »

La machine a été construite d'après ces principes. Sur un échafaud, haut de 7 à 8 pieds, d'une forme de carré long, on plante à une des extrémités deux fortes poutres ou jumelles à rainures, assurées à leur base par des tenons, et réunies à leur sommet par une forte traverse. Cette traverse est garnie, dans le milieu, d'un gros anneau de fer, dans lequel passe la corde qui fixe et retient le mouton. Il est armé perpendiculairement d'une lame tranchante qui s'élargit insensiblement sur toute sa surface, de sorte qu'au lieu de frapper d'aplomb, comme le fer de la machine italienne, il frappe de côté en prenant du faible jusqu'au dernier point du fort, ce qui fait qu'il n'y a pas une ligne de la lame qui ne serve. Le mouton pèse soixante à quatre-vingts livres, et à l'instant de sa chute son poids est décuplé ; il est enclavé dans la rainure des poutres. Un déclic l'assujettit à la poutre gauche; une bande de fer descend le long de cette même poutre en dehors et la poignée est fixée à un anneau avec un cadenas, de sorte qu'il n'y a point d'accident à craindre et que le poids ne tombe que lorsque l'exécuteur le juge à propos. Une planche à bascule est garnie de fortes courroies à demeure. Elles servent à attacher le patient sous les aisselles et au défaut des mollets, de façon qu'il ne peut jeter son corps ni à droite ni à gauche. Dès que la bascule est renversée, la tête qui se trouve entre les poutres est soutenue par une épaisse traverse cintrée en dessus pour recevoir la partie inférieure du cou. Ceci fait, les aides de l'exécuteur font glisser une autre traverse qui, cintrée en dessous et s'abaissant sur l'autre, enveloppe la partie supérieure du col, de manière que la tête enclavée dans un rond parfait ne peut vaciller dans aucun sens. Cette précaution est utile pour prévenir les inconvénients terribles de la peur. Quand la tête est prise, l'exécuteur lâche le déclic. Le supplice est exécuté si promptement que le bruit seul produit par le couteau annonce que le condamné a cessé de vivre et que la justice humaine est satisfaite. La tête tombe dans une boîte pleine de son, placée en bas, et pour dérober la vue du cou et du sang, jaillissant par mille canaux ouverts, un rideau de cuir, décrivant une forme circulaire, masque la boîte et s'élève jusqu'à la hauteur du point où se fait la décapitation. Le corps est poussé dans un panier d'osier, garni d'un cuir très-épais. Dans le commencement des exécutions par la guillotine, un des frères de l'exécuteur tomba à terre et se blessa si dangereusement que pendant quelques jours on le crut mort. Depuis ce temps l'échafaud est garni d'une balustre à la hauteur d'appui qui règne dans tout son pourtour. Au commencement de la Révolution, les condamnés à mort devaient aller au supplice revêtus d'une robe rouge (1).

(1) Novembre 1793. « Pierre Robert Robin, huissier à Boiscommun, et Drouart, maître tailleur audit lieu, sont condam-

Le coupable condamné à mort pour parricide était conduit sur le lieu de l'exécution en chemise, nu-pieds, la tête couverte d'un voile noir. Avant 1832, les parricides avaient le poing coupé.

Qui ne sait par quels excès la France s'est déshonorée pendant la Révolution? A la lanterne, à la lanterne! cris de mort qui prouvent par quels crimes elle s'est souillée. Mettre à la lanterne signifiait alors l'action de pendre un citoyen convaincu ou même soupçonné d'être opposé au mouvement populaire: il était pendu à une potence en fer supportant une lanterne, à la place de Grève. Le premier qui subit ce supplice fut le conseiller d'Etat Foulon, qui fut accroché trois fois de suite à la lanterne, la corde s'étant rompue les deux premières fois (1).

nés à mort par la cour criminelle d'Orléans, l'un pour avoir assassiné son neveu, afin d'être dispensé de lui rendre son compte de tutelle, et l'autre pour avoir participé à ce meurtre dans l'espoir d'épouser la fille du premier. Ces deux misérables, exécutés sur la place de la République, furent, à Orléans, les premiers conduits au supplice en robe rouge. » (*Recherches sur Orléans*, Lostig, 8ᵉ vol.)

(1) L'abbé Maury était poursuivi par la foule qui criait : A la

Un autre genre de supplice devait naître de la barbarie des hommes de cette époque; je veux parler des *mariages républicains*. Lorsque Carrier gouvernait Nantes, les prisons étaient toujours remplies par suite des révoltes de la Vendée; la guillotine permanente moissonnait des milliers de malheureux, mais elle eut bientôt pour le farouche proconsul une action trop lente, il inventa les mariages républicains. Il fit construire des bateaux à soupape qu'on chargeait de jeunes gens et de jeunes filles liés ensemble et qui disparaissaient dans la Loire. « La quantité de cadavres engloutis dans ce fleuve, dit un historien de cette ville, a été telle, que l'eau en a été infectée au point qu'une ordonnance de police en a défendu l'usage aux habitants de Nantes, interdisant aussi de manger du poisson. »

Avant la Révolution, le soldat qui désertait était fusillé; son régiment était mis en ba-

---

lanterne ! Quand vous m'aurez mis à la place du réverbère, dit-il froidement, y verrez-vous plus clair ? Un rire général s'éleva et ce mot piquant lui sauva la vie. C'est de la main de cet illustre prélat que je reçus le sacrement de la confirmation. (S.)

taille sur le lieu même de l'exécution ; les tambours battaient au champ et le major disait à haute voix : *De par le roi défense sous peine de la vie de crier grâce;* puis on lisait au condamné sa sentence, le sergent de sa compagnie lui bandait les yeux, et sept ou huit soldats de l'escorte qu'on appelait ses parrains, tiraient, ceux de droite à la tête et ceux de gauche au cœur, au signal donné par le major. Peu de temps après la Terreur, et encore maintenant, lorsqu'un militaire a mérité la mort, le même genre d'exécution a lieu, et l'échafaud ne se dresse pas. Le même appareil est conservé ; mais lorsque le condamné est arrivé au lieu du supplice, le capitaine-rapporteur du conseil de guerre lui lit son jugement, le fait mettre à genoux sur le bord de sa fosse, et le détachement commis à cet effet complète l'exécution.

J'en ai fini avec l'affreux tableau des divers supplices inventés par l'homme pour donner la mort à ses semblables ; j'ajouterai qu'autrefois, pour une exécution capitale, on choisissait un jour de fête et la place la plus fréquentée; dans un grand nombre de villes même, les instruments de supplice, potence, chevalet, roue, restaient en permanence aux yeux du public. On croyait par là effrayer le crime, comme si l'idée du châtiment et des tortures pouvait arrêter l'homme au moment du délit ou du crime! On finit cependant par reconnaître que l'atrocité des supplices n'atteignait pas le but qu'on s'était proposé. Grâce à Montesquieu, à Montaigne le premier, et aux philosophes du XVIIIe siècle on chercha un moyen de délivrer la société des criminels sans les torturer. La guillotine, élevée en plein jour sur la place publique, devait peu à peu se retirer dans les endroits déserts, remplir sa triste mission (1) presque dans l'ombre, jusqu'au jour, peu éloigné, espérons-le, où, grâce à la civilisation toujours croissante sur la terre de France, elle aura enfin disparu et cessera de blesser le vœu de la nature en usurpant un droit qui n'appartient qu'à Dieu.

(1) Les exécutions se font maintenant le matin à la première heure.

VII

LES EPREUVES JUDICIAIRES

Je crois devoir faire entrer les *Epreuves judiciaires* dans cette longue étude sur les supplices, et je terminerai par la *Question* ou *Torture*.

Pour arriver à la découverte de la vérité, nos ancêtres n'ont pas craint de tenter le sort et se sont peu à peu persuadé que ces arrêts du hasard émanaient de la Divinité elle-même. Ils ont cru très-longtemps que Dieu devait répondre à ce que pouvaient lui demander les mortels, même en intervertissant les lois de la nature. Cette façon de décider de la vérité ou de la fausseté des accusations en matière criminelle fut fort en usage dans les IX°, X° et XI° siècles; elle a dû subsister bien plus longtemps dans certains pays. Ces épreuves judiciaires, que nos pères gratifiaient du nom de *Jugements de Dieu* ou *Ordalies*, de l'allemand *urtheil*, jugement, pouvaient toujours se ramener au *Serment*, au *Duel* appelé aussi l'ordalie par excellence, et aux épreuves par les *éléments*. L'aveugle et trop durable superstition ne devait pas tarder à faire adopter et à rendre plus fréquentes ces épreuves judiciaires. L'Église les toléra d'abord, plus tard elle devait non-seulement permettre à ses membres d'y prêter leur ministère, mais même elle devait en régler les cérémonies et donner la formule des prières, des imprécations et des exorcismes.

Les Barbares attachaient une très-grande

importance au serment. On en trouve la preuve dans leurs lois qui permettaient à un accusé de se libérer par le serment de ses parents ou de ses amis, qui alors prenaient le nom de conjurateurs *(conjuratores)*; ce n'étaient pas, on le voit, de simples témoins, mais bien des parents, des amis, qui venaient certifier devant le juge que la personne accusée n'avait pu se rendre coupable du crime qu'on lui reprochait. Le nombre des conjurateurs variait; le plus souvent il était de douze (1). On trouve encore au XIIIe siècle, dans certaines villes de France, l'usage de déférer le serment à celui qui était accusé de meurtre ou de maléfices. En général, le serment se faisait sur les Évangiles, mais il devint la cause de tant de parjures, qu'en 1255, le concile de Bordeaux fut obligé de l'interdire dans certains cas (2).

Le duel ou *Combat judiciaire* remonte aux

---

(1) Lorsque Frédégonde fut accusée du meurtre de Chilpéric, elle comparut devant Gontran avec soixante-douze *conjurateurs*, et se justifia par leur serment.

(2) *Manuscrits De Camps*, tome XXXII.

premiers temps de l'invasion des Barbares. La loi des Bourguignons déférait le duel à ceux qui ne voulaient pas s'en tenir au serment. La féodalité étendit le duel judiciaire : les femmes, les enfants et les ecclésiastiques devaient fournir un champion qui soutînt leur cause par les armes. Le duel judiciaire, qui primitivement ne consistait que dans une lutte, dut dans la suite s'entourer de formes solennelles, réglées et imposantes.

Le duel judiciaire était précédé d'un *défi* porté devant le tribunal : là, la personne qui voulait le duel, jetait son gant comme *gage de bataille* ; on mesurait le champ clos où devaient combattre les deux adversaires ; il était entouré de palissades et gardé par quatre chevaliers. Les Juges qui avaient ordonné le duel y assistaient. Les champions, avant d'en venir aux mains, juraient, sur la croix et sur le canon du missel, de ne point s'aider de l'art de la magie dans la juste querelle qu'ils allaient soutenir les armes à la main. Ils attestaient par serment que leurs armes n'étaient point enchantées par sorcellerie et qu'ils ne portaient sur eux ni écrits ni brevets ni charmes d'aucune espèce, ne se confiant qu'en Dieu, en leur bon droit, en leurs armes et en leur force corporelle (1). Les armes variaient suivant les classes : les serfs avaient pour armes un couteau et un bâton, et portaient un bouclier de cuir nommé *canevas*; les écuyers n'avaient que l'épée et l'écu. Le vaincu était regardé comme condamné par le jugement de Dieu, et s'il ne périssait pas sous les coups de son adversaire, une mort ignominieuse l'attendait. On pouvait dans certains cas se faire remplacer par un champion. En 591 Gontray ordonna à un de ses chambellans et à un de ses gardes-chasse, qui s'accusaient réciproquement d'avoir tué un buffle, de se battre en champ clos. Le champion que le chambellan avait mis à sa place et le garde-chasse s'entretuèrent tous deux. Le chambellan étant convaincu du crime par la mort de son champion, fut attaché à un poteau et lapidé (2). On permettait aussi dans certains

---

(1) LA JAILLE, *Traité du champ de bataille.*
(2) LOTTIN, *Recherches sur Orléans*, pag. 35, 1ᵉʳ vol.

cas le combat entre un homme et un animal. Qui donc ne se souvient de l'histoire du chien de Montargis? Le duel avait lieu pour toutes les actions civiles et criminelles, même pour les incidents et interlocutoires (1), et aussi pour toutes les demandes de dettes (2). Louis le Gros, essaya le premier de réformer cette coutume; Louis le Jeune, après lui, déclara que le duel judiciaire n'aurait lieu que lorsque la demande excéderait 5 sols; saint Louis essaya de substituer la preuve par témoins au duel judiciaire; enfin à partir du règne de Philippe-Auguste jusqu'au XVIe siècle, le duel n'avait lieu qu'après autorisation du roi accordée en son grand conseil.

Un des plus célèbres exemples de ces combats judiciaires est celui de Jarnac et La Chataigneraie, sous le règne d'Henri II en 1547, combat qui est resté célèbre par le coup que Jarnac porta à La Chataigneraie, auquel il coupa le jarret.

---

(1) Beaumanoir en cite plusieurs exemples.
(2) MONTESQUIEU, *Esprit des lois*, 28.

Les épreuves, dites des éléments, étaient au nombre de quatre :

1° L'épreuve de la *croix*, qui était en usage en France au commencement du IXᵉ siècle, consistait à tenir ses bras étendus en croix le plus longtemps possible pendant le service divin. Celui des deux adversaires qui restait le plus longtemps dans cette position l'emportait sur l'autre. Charlemagne ordonna dans son testament qu'on eût recours au jugement de la croix pour terminer les différends qui naîtraient du partage qu'il faisait de ses États entre ses enfants. Mais son fils Louis le Débonnaire s'y opposa, de *peur* que l'instrument glorifié par la mort du Sauveur ne fût profané par la témérité de quelqu'un.

2° L'épreuve du *feu* était une des plus solennelles. Disons d'abord ce qu'elle était lorsqu'elle s'appliquait aux écrits : on jetait des livres au feu, et s'ils brûlaient ou non, on jugeait de l'orthodoxie ou de la fausseté des choses qu'ils contenaient. Lorsque cette épreuve s'appliquait à l'homme, on élevait côte à côte deux bûchers, dont les flammes se touchaient.

L'accusé, l'hostie à la main, traversait rapidement les flammes, et, s'il n'en recevait pas d'atteintes, il était réputé innocent. Parmi les exemples célèbres de ce genre de jugement, qui consistait aussi à brûler la plante des pieds à l'accusé ou à l'exposer nu à un brasier ardent, parmi ces exemples, dis-je, on cite, lors de la première croisade, celui du prêtre Pierre Barthélemy. Ce prêtre prétendit, à la suite d'une révélation, avoir trouvé le fer de la sainte lance ; accusé d'imposture, il traversa les flammes l'hostie à la main et en sortit sain et sauf ; mais les historiens ajoutent qu'il mourut peu après.

3° L'épreuve de *l'eau froide* ou de *l'eau bouillante* : la première de ces épreuves était, en général, subie par les gens de basse condition. Le patient assistait à la messe, puis, après quelques oraisons, le prêtre lui faisait baiser la croix et l'Évangile, puis l'arrosait d'eau bénite ; cela fait, une fois déshabillé, et la main droite liée avec le pied gauche, on le jetait tantôt dans une rivière, tantôt dans une grande cuve : s'il allait au fond, comme c'était naturel, il était réputé innocent; si, au contraire, il surnageait, on disait que l'eau le rejetait, et il était reconnu coupable. L'épreuve de l'eau bouillante consistait à placer sur un feu ardent une chaudière pleine d'eau; une fois cette eau arrivée à ébullition, on la retirait du foyer; au-dessus, on attachait une corde, à laquelle était suspendue une bague ou tout autre objet que l'on plongeait dans l'eau à différentes profondeurs; à la première épreuve, le patient n'avait besoin pour l'atteindre, que de mettre la main dans l'eau; à la deuxième, le bras jusqu'au coude; à la troisième, le bras tout entier. Une fois l'épreuve accomplie, la main ou le bras du patient était enveloppé dans un sac, sur lequel le juge mettait son sceau, qui n'était levé qu'au bout de trois jours, et, alors, si quelque marque de brûlure apparaissait, l'accusé était considéré comme coupable; dans le cas contraire, il était absous.

4° L'épreuve du *fer chaud, fer ardent*, ou *fer rouge*. Cette épreuve consistait à prendre avec la main un fer rougi au feu ou à marcher pieds nus sur du fer brûlant. Au temps de la féodalité, les nobles et les prêtres s'en servaient pour se dispenser du combat. L'accusé, après avoir jeûné trois jours au pain et à l'eau, entendait la messe et était conduit à l'endroit de l'église destiné à faire l'épreuve : là il prenait le fer qu'on avait fait rougir plus ou moins, selon la gravité du crime; il le soulevait deux ou trois fois, ou le portait plus ou moins loin selon la sentence. Comme dans l'épreuve précédente, sa main placée dans un sac recevait une espèce de scellé, qu'on ne levait que trois jours après, et alors s'il ne paraissait pas de marques de brûlure, et quelquefois aussi suivant la nature et à l'inspection de la plaie, l'accusé était absous ou déclaré coupable. L'épreuve du fer rouge consistait aussi quelquefois à mettre un gantelet de fer rouge, ou à marcher pieds nus sur des barres de fer au nombre le plus ordinairement de neuf, mais qui pouvait aller jusqu'à douze. Michel Paléologue, à la proposition qui lui fut faite de tenter cette épreuve, répondit : *Si quelqu'un m'accuse personnellement, je suis prêt à le démentir et à le combattre. Je sais attaquer et me défendre, mais je ne sais pas faire des miracles. J'ignore le moyen de tenir dans ma main un fer brûlant sans être brûlé.* » Phocas, métropolitain de Philadelphie, lui répondit : *Votre naissance demande de vous plus de courage pour votre honneur et votre famille : il faut écarter de vous tout soupçon. Justifiez-vous par l'épreuve sacrée qu'on vous propose. — Mon maître,* lui répondit Michel, *je n'ai pas les yeux assez bons pour rien voir de sacré dans cette opération. Je suis pécheur, c'est à vous, homme céleste qui conversez avec Dieu même, de faire des prodiges. Prenez le fer ardent de vos mains sacrées et mettez-le dans les miennes, je le recevrai avec résignation.*

Tous les juges furent persuadés de l'innocence de Michel Paléologue.

Avant de terminer ce chapitre sur les épreuves, nous croyons devoir emprunter à Canciani (1) une ancienne formule relative à l'ordalie : « Un homme poursuivi pour vol, débauche, adultère ou tout autre crime, refu-

---

(1) *Recueil des lois des Barbares,* t. II, p. 97.

sant d'avouer au seigneur ou à ses délégués, on aura recours à l'épreuve suivante : Un prêtre, revêtu des ornements sacrés, tenant en main l'Évangile avec le saint-chrême, le calice et la patène, se présentera au peuple en présence de l'accusé et là il dira : *Voyez, mes frères, le devoir de la loi chrétienne; voici la loi qui est l'espérance et le pardon de tous les pécheurs; voici le saint-chrême, voici le corps et le sang de Notre-Seigneur. Prenez garde de perdre l'héritage et la participation au bonheur céleste en vous rendant complices du crime d'autrui, car il est écrit : Non-seulement ceux qui feront le mal, mais encore ceux qui seront d'accord avec les malfaiteurs seront condamnés.* Ensuite se tournant vers l'accusé, le prêtre lui disait : *O homme, au nom du Père, du Fils et du Saint-Esprit, par le jour redoutable du jugement, par le mystère du baptême, par la vénération due à tous les saints, si tu es coupable de ce crime, si tu l'as commis, connu ou favorisé, si tu y as consenti, si tu as sciemment aidé les coupables après la perpétration du crime, je t'interdis d'entrer à l'église et de te mêler à la société des fidèles avant que tu aies été soumis à un jugement public.* Ensuite le prêtre indiquait le lieu où l'on devait allumer le feu, suspendre une chaudière, ou faire chauffer le fer. Ce lieu était d'abord purifié avec l'eau bénite, dont on arrosait aussi l'eau contenue dans la chaudière. Le prêtre commençait ensuite *l'introït* et on chantait pendant la messe des antiennes et des psaumes. Après la célébration de la messe, le prêtre, suivi du peuple, se rendait au lieu de l'épreuve, et prononçait des prières qui se terminaient ainsi : *Nous vous supplions et vous conjurons, Maître très-clément, que l'innocent qui plongera la main dans cette eau bouillante, ou qui portera ce fer brûlant, n'en reçoive aucune blessure, par vous, Sauveur et Rédempteur du monde, qui devez venir juger les vivants et les morts.*

Les épreuves fondées sur cette croyance que Dieu doit toujours manifester par un miracle l'innocence de l'accusé furent abandonnées au XIIIᵉ siècle, lorsque saint Louis, supérieur aux préjugés de son temps, déclara que le combat n'était pas voie de droit et substitua les preuves testimoniales aux épreuves judiciaires ou ordalies. Cependant les traces de cette institution se conservèrent jusqu'au XVI° siècle.

VIII

LA TORTURE OU QUESTION

Nul doute pour moi que la *Torture* ne soit la suite de l'ancienne superstition qui avait donné naissance aux épreuves judiciaires dont je viens de parler. La torture comprenait certains tourments gradués qu'on faisait subir à un accusé, soit pour lui arracher l'aveu de son crime, soit encore pour arriver à connaître le nom de ses complices. A mesure que le condamné subissait un de ces tourments, un juge, placé auprès du *questionnaire* ou *tortureur*, sommait alors le patient de dire la vérité, et dressait procès-verbal de ses déclarations; de là le nom de *Question* qui fut donné à la torture. La question était de deux sortes, ou *préparatoire* ou *définitive* et *préalable*. Ces deux espèces se subdivisaient elles-mêmes en question *ordinaire* et *extraordinaire*. Par la première, on cherchait à obtenir de l'accusé l'aveu de son crime; par la seconde, on cherchait à connaître le nom des complices qu'il pouvait avoir eus dans la perpétration du crime. Les tourments portés jusqu'à un certain degré constituaient la question ordinaire; on les doublait dans les cas de la question extraordinaire, qui, en général, n'était subie que par des coupables déjà condamnés à mort.

Les tortureurs ou questionnaires, chargés de soumettre le patient à la torture, avaient multiplié les instruments de supplice. Nous verrons plus loin que chaque parlement avait sa manière particulière, de laquelle il ne pouvait s'écarter; mais avant, occupons-nous des genres de questions le plus en usage, pour lesquels on employait toujours l'eau, le bois, le fer ou le feu.

La question par l'*Eau* consistait, une fois que le condamné avait entendu lire sa sentence, à le faire asseoir sur un tabouret en pierre; on lui attachait derrière le dos les poignets à deux anneaux de fer, distants l'un de l'autre; puis les deux pieds à deux autres anneaux, placés devant; on tendait toutes les cordes avec force, et lorsque le corps du patient commençait à ne pouvoir plus s'étendre, on lui passait un tréteau sous les reins. Le questionnaire tenait d'une main une corne de bœuf creuse, de l'autre il versait de l'eau dans la corne et en faisait avaler au criminel, quatre pintes pour la question ordinaire et huit pour la question extraordinaire. Un chirurgien faisait suspendre la question pour un instant lorsqu'il sentait faiblir le pouls du patient. Pendant cet intervalle on l'interrogeait (1).

---

(1) Un mémoire de 1697 dit : «Si c'est une femme ou fille, il lui sera laissé une jupe avec sa chemise, et sera la jupe liée aux genoux.

Le *Brodequin* consistait à serrer la jambe du patient entre quatre planches de chêne. Ces planches étaient percées de trous, dans lesquels on passait des cordes pour serrer plus fortement les planches; le bourreau enfonçait ensuite, à coups de maillet, des coins de bois entre ces planches, de manière à comprimer et même briser les membres du patient. Dans certains parlements, cette torture consistait à appliquer, sur la jambe du condamné, un bas de parchemin; on approchait la jambe du feu après avoir mouillé le parchemin, ce qui, occasionnant un violent rétrécissement, causait un mal insupportable. La question ordinaire était de quatre coins, la question extraordinaire de huit.

L'Estrapade qui, ainsi que je l'ai dit plus haut, était quelquefois employée comme supplice devant occasionner la mort, était aussi souvent un mode de torture. On élevait l'accusé au moyen d'un câble passé dans une poulie attachée au plafond; on hissait ainsi à une certaine hauteur le patient, qui avait un poids de 180 livres attaché au pied droit et une clef de fer entre les deux revers des mains liées l'une sur l'autre derrière le dos. Dans la question extraordinaire on suspendait aux pieds du patient un poids de 252 livres, puis on l'élevait lentement jusqu'au plafond, et on le laissait retomber par une secousse violente qui lui disloquait les membres. On renouvelait trois fois ce supplice, et chaque fois on le sommait de dire la vérité.

Le *Chevalet* ou *cheval de bois* consistait à placer le patient à cheval sur une pièce de bois taillée à vives arêtes et dont l'un des angles était en l'air ; on attachait des poids à chacun de ses pieds, afin que son corps s'enfonçât sur les angles du chevalet. Ce châtiment était surtout particulier aux soldats. C'était le genre de torture que les Romains employaient le plus souvent pour tourmenter ceux qu'ils faisaient appliquer à la question. Cicéron lui-même en parle en disant : *Facti in eculeo quæstio est, iuris in judicio* (1).

Le fer rougi au feu, les charbons ardents

---

(1) **Discours pour Milon.**

avaient aussi été employés pendant le moyen âge pour torturer les condamnés et leur arracher des aveux. Disons même qu'à cette époque, en France, lorsqu'on appliquait les accusés à la question, quelquefois on leur mettait des mèches allumées entre les doigts, ou même on leur faisait brûler les extrémités des doigts.

Nous l'avons dit au commencement de ce chapitre, la manière de donner la question était différente dans presque tous les parlements du royaume, et les juges ne pouvaient employer que celle qui était usitée dans le ressort du Parlement où était situé leur tribunal. Le Parlement de Paris n'admettait que deux genres de tortures, par l'eau et par les brodequins (1). Dans le ressort du Parlement de Bretagne on attachait le patient sur une chaise de fer, puis on présentait ses jambes au feu dont on les approchait par degré. A Rouen, on serrait le pouce ou un autre doigt, ou une jambe du condamné avec une machine de fer,

---

(1) On disait toujours le brodequin, même quand il s'agissait du bas en parchemin.

pour la question ordinaire; on lui comprimait, soit deux doigts, soit les deux jambes, pour la question extraordinaire; au Parlement de Besançon on se servait du chevalet; à Autun la question se donnait en versant de l'huile bouillante sur les pieds de l'accusé. Enfin, pendant longtemps, à Orléans, on se servit de l'estrapade; mais le 18 janvier 1697, il fut ordonné aux juges du bailliage d'Orléans de la laisser de côté pour n'employer que les genres de question usités à Paris.

Je trouve, dans un auteur orléanais (1), des détails curieux sur certains genres de torture; je tiens à reproduire ici ces détails, qui prouvent que la question était quelquefois donnée d'une façon différente, et viennent par là même confirmer ce que je disais plus haut, que les tortureurs non-seulement multiplièrent les instruments de torture, mais même changèrent certaines de ces tortures. En 1697, les magistrats d'Orléans sollicitent et obtiennent de remplacer la question dite estrapade,

---

(1) LOTTIN, *Recherches sur Orléans*.

qui faisait évanouir le patient le plus robuste et l'empêchait d'avouer ses crimes, par celle de l'eau et des brodequins usités à Paris. J'ai déjà dit en quoi consistait l'estrapade, soit comme supplice mortel, soit comme torture ; je n'ai donc point à revenir sur la double définition que j'en ai donnée, car les détails fournis par l'auteur orléanais sont identiques avec ceux que j'avais puisés dans les souvenirs de ma famille. Mais il n'en est pas de même des deux autres modes de question : l'eau et les brodequins ; on ne les appliquait point à Orléans comme ailleurs. La question par l'eau consistait, en couchant sur une table l'accusé, à lui découvrir la poitrine et laisser tomber, de quatre à cinq pieds de haut, dans le creux de son estomac, de l'eau goutte à goutte, en l'essuyant à mesure, ce qui produisait l'effet d'un coup de massue. Cette question pour l'ordinaire, était de trois pots d'eau, et de six pour l'extraordinaire. La première était donnée aux accusés, la seconde aux condamnés à mort, pour connaître leurs complices ; elle se donnait aussi en faisant boire une certaine quantité d'eau aux criminels, que l'on étendait sur des tréteaux. La question par les brodequins, usitée à Orléans à dater de cette époque, consistait à enfermer les jambes du patient dans des chaussures de cuir liées en haut et en bas, et à introduire entre ces deux ligatures des coins de fer que l'on enfonçait avec une masse, dont les coups étaient ordonnés, réglés et comptés par le juge chargé du procès-verbal de torture (1).

Il serait inutile aujourd'hui de chercher à démontrer combien une pareille institution était à la fois tyrannique et absurde. La France a été la dernière à abolir la question; et cependant tous les efforts des plus grands philosophes et des premiers génies ont tendu à faire disparaître ces atroces barbaries. L'éloquence vint souvent mêler sa voix imposante à cette réclamation presque générale : « Est-ce dans le trouble et la douleur que nous espérons trouver la vérité? s'écriait l'avocat-général Servan, dans l'enceinte même où siégeaient les ministres. Ramassez, si vous le voulez, tous les crimes, et poursuivez un homme par la douleur: il va s'en couvrir, s'il

---

(1) LOTTIN, *Recherches sur Orléans*, tome I, page 247.

croit trouver un asile. Le plus grand crime pour notre nature, c'est de souffrir, et la mort même ne serait rien si la douleur ne la précédait. Je me défierais de mon jugement incertain, si je ne voyais les meilleurs gouvernements et les plus sages proscrire avec horreur la question et l'insulter chez nous comme dans son dernier refuge. »

Avant lui, et dès le XVI° siècle, Robert Estienne et Montaigne s'étaient élevés contre la torture ; le premier écrivait : « Les témoignages tirés des tortures ne sont point certains, attendu que parfois il se trouve des hommes forts et robustes, lesquels ayant la peau dure comme la pierre et le courage fort et puissant, endurent et supportent constamment la rigueur de la géhenne, au lieu que des hommes timides et appréhensifs, avant que d'avoir vu les tortures, demeurent incontinent éperdus et troublés, tellement qu'il n'y a point de certitude au témoignage des tortures. »

Montaigne, dans son livre des *Essais,* attaqua la torture avec une vigueur irrésistible : « C'est une dangereuse invention que celle des géhennes, et semble que ce soit plutôt un essai de patience que de vérité, et celui qui les peut souffrir cache la vérité, et celui qui ne les peut souffrir. Car pourquoi la douleur me fera-t-elle confesser plutôt ce qui est, qu'elle me forcera de dire ce qui n'est pas? Et, au rebours, si celui qui n'a pas fait ce de quoi on l'accuse est assez patient pour supporter ces tourments, pourquoi ne le sera celui qui l'a fait, un si beau guerdon que la vie lui étant proposé? Je pense que le fondement de cette invention vient de la considération de l'effort de la conscience; car, au coupable, il semble qu'elle l'aide à la torture, pour lui faire confesser sa faute et qu'elle l'affaiblisse, et de l'autre part, qu'elle fortifie l'innocent contre la torture. Pour dire vrai, c'est un moyen plein d'incertitude et de danger. Que ne dirait-on, que ne ferait-on pour fuir de si grièves douleurs? D'où il advient que celui que le juge a géhenné, pour ne le faire mourir innocent, il le fasse mourir et innocent et géhenné. Mille et mille en ont chargé leur tête de fausses confessions. Plusieurs nations, moins barbares en cela que la grecque et la romaine, qui les appellent ainsi, estiment horrible et cruel de tourmenter et de rompre un homme de la faute duquel vous êtes encore en doute. Que peut-il croire de votre ignorance? Êtes-vous pas injustes, vous qui, pour ne le tuer sans occasions, lui faites pis que de le tuer (1)?»

Malgré ces justes et énergiques réclamations, l'usage d'appliquer les condamnés à la torture dura pendant les XVII et XVIIIe siècles. Montesquieu en demandait l'abolition dans l'*Esprit des lois*, et Voltaire éleva la voix, en 1777, pour supplier Louis XVI d'ajouter cette réforme à celles qui honoraient le commencement de son règne : *Un roi a-t-il le temps de songer à ces mêmes détails d'horreur au milieu de ses fêtes, de ses conquêtes et de ses maîtresses? Daignez vous en occuper, ô Louis XVI, qui n'avez aucune de ces distractions.* Une déclaration, en date du 24 août 1780, abolit la question préparatoire tout en laissant

---

(1) *Essais*, liv. II, chap. v.

subsister la question préalable. Une seconde déclaration du 1ᵉʳ mai 1788 supprima la torture ; le roi y reconnaissait que : *Cette épreuve, presque toujours équivoque par des aveux absurdes, les contradictions et les rétractations des criminels, était embarrassante pour les juges qui ne peuvent plus démêler la vérité au milieu des cris de la douleur, et dangereuse pour l'innocence, en ce que la torture pousse les patients à des déclarations fausses qu'ils n'osent plus rétracter, de peur de voir renouveler leurs tourments.* L'honneur de cette conquête de la civilisation sur la barbarie doit donc revenir à Louis XVI, à ce roi qui devait expier les fautes de Louis XIV, les excès de la régence et les saturnales de Louis XV. Peu de temps après cette glorieuse et humaine réforme, le vieux trône, où s'était assis un saint, allait s'abîmer sous un martyr.

IX.

L'EXÉCUTEUR

Les chapitres précédents ont passé en revue le laboratoire de la mort.

Toute la variété des supplices que consacrait l'ancienne jurisprudence, depuis les verges qui châtiaient les simples délits jusqu'aux roues, jusqu'aux gibets, sur lesquels les grands coupables ou les grandes victimes expiaient leurs forfaits, ou recevaient la palme du martyre, ont défilé sous les yeux de mes lecteurs, avec leur horrible cortége de cruautés et d'épouvantements.

Pour compléter cette étude, il me reste à parler du maître de cet arsenal du châtiment, de celui qui fouettait, marquait, pendait, décapitait, rouait, brûlait au nom de la loi.

Mais, avant d'esquisser ce que fut en France la charge d'exécuteur, je crois nécessaire de dire quelques mots de ce qu'elle a été chez les anciens, de ce qu'elle est aujourd'hui chez quelques nations étrangères.

Le bourreau est un produit de la civilisation en travail, qu'une civilisation plus parfaite emportera sans aucun doute.

Les tribus des peuples pasteurs, des sauvages indigènes des continents découverts par Christophe Colomb, n'étaient que des extensions de la famille, pratiquant la loi de justice dans sa simplicité, dans sa pureté, dans sa grandeur.

Les vieillards, les sages, et, dans les théocraties, les prêtres, s'assemblaient, jugeaient, condamnaient, et la nation entière exécutait les arrêts qu'ils avaient rendus.

La justice et Dieu se confondant dans la même idée, frapper un coupable c'était glorifier le Créateur. Refuser de s'associer à un châtiment, c'eût été plus qu'une honte, c'eût été un sacrilége.

Chez les Israélites, la famille de la victime revendiquait le droit de la venger.

A cette coutume en succéda une autre : les juges eux-mêmes exécutèrent leurs jugements.

La peine de mort ne figurait pas dans le *Vendidad sadé*, qui était à la fois le Code et le Livre sacré des Parsis.

Le criminel recevait un nombre de coups de lanières proportionné à son crime, et déterminé par la loi. S'il succombait à la rigueur de la peine, sa mort pouvait être considérée comme le résultat du jugement de Dieu; et ses frères, qui l'avaient frappé, n'étaient point souillés.

Lorsque l'homme passa de l'état patriarcal au régime du despotisme, la peine capitale cessa de n'être qu'un châtiment: elle fut un frein, et le bourreau devint la pierre angulaire des sociétés constituées.

La théocratie égyptienne est la première société où l'office de mettre à mort les condamnés apparaît comme institution.

La Grèce républicaine avait ses exécuteurs; mais ses lois, dans leurs rigueurs les plus légitimes, rendaient à la liberté un suprême hommage. Le bourreau préparait la ciguë, il la présentait au coupable, qui s'immolait lui-même.

Ce serviteur de la chose publique n'était pas méprisé.

Aristote, dans le livre VI de ses *Politiques*, ne se contente pas de le placer au rang des magistrats; il ajoute que son office est si nécessaire dans un État, qu'il doit être regardé comme un des principaux.

L'usage de laisser exécuter par les accusateurs les sentences qui prononçaient des peines afflictives contre les accusés existait chez les Romains; mais, plus tard, lorsque cet usage eut été abrogé, malgré leurs dédains pour la vie humaine, les Romains partagèrent nos sentiments de répulsion pour ceux entre les mains desquels tomba ce triste emploi.

A leurs fonctions de gardes et de messagers des Consuls, les licteurs adjoignaient celles d'exécuteurs des arrêts de ces magistrats. Ce dernier office leur avait donné leur nom, qui dérive du verbe *ligere,* parce qu'ils liaient les pieds du criminel.

Je dois ajouter que quelquefois on se servait d'autres personnes pour les exécutions.

Souvent on employait des soldats, non-seulement dans les camps, mais à la ville même ; ce qu'on leur demandait était considéré comme un service public, et ne déshonorait pas plus que la mort du condamné militaire ne déshonore chez nous ses camarades qui le fusillent.

En Allemagne, avant que cette fonction eût été érigée en office, le plus jeune membre de la communauté ou du corps de la ville était contraint de s'en charger, et comme il arriva que ceux que leur âge désignait montraient de la répugnance à obéir à la loi, on imposa des amendes assez considérables aux récalcitrants.

En Franconie, le nouveau marié avait à acquitter, en remplissant cette fonction terrible, la dette contractée par lui envers la société au milieu de laquelle il venait prendre une place.

En Thuringe, celui des habitants qui s'était le plus récemment fixé dans la localité où devait avoir lieu le supplice, était chargé de l'exécution.

Le collége des échevins de la ville d'Anvers désignait un boucher, choisi parmi les plus anciens de la corporation, pour lui confier le glaive de la loi.

En Crimée, lorsque la Crimée était un royaume, le roi chargeait la partie plaignante de mettre à mort le condamné. Une femme eut ainsi à poignarder l'assassin de son mari ; elle accomplit cette *loi de Lynch* dans toute sa rigueur.

Les lois anglaises et américaines ne descendent pas jusqu'à se préoccuper du bourreau ; par une fiction qui ne manque pas de grandeur, elles semblent dédaigner de vouloir connaître l'instrument de leurs décrets de mort.

L'arrêt de la justice étant rendu, le shérif

pourvoit, à ses risques et périls et sous sa responsabilité, à ce que cet arrêt soit exécuté.

Le *Langman* est un' homme aux gages du shérif, et qui pend pour un prix convenu. L'infamie n'est point attachée aux fonctions judiciaires qu'il remplit. S'il est méprisé, c'est parce qu'il appartient ordinairement à la lie de la populace; s'il est méprisable, c'est en raison du lucre qui l'a déterminé à exercer son horrible métier. Mais s'il venait à faire défaut au shérif, au moment de conduire le patient au gibet, si celui-ci ne trouvait personne pour le remplacer, les devoirs de sa charge le contraindraient à remplir lui-même l'office d'exécuteur.

En Espagne, cette charge se transmet du père au fils, et il ne lui est permis de s'allier qu'avec les familles pourvues du même office.

Sa maison est peinte en rouge et isolée de toutes les autres.

Le despotisme et l'inquisition ont assigné aux exécuteurs un rôle si actif au sein de la société espagnole, qu'il n'y a pas à s'étonner de l'horreur et de la terreur qu'ils inspirent.

Personne n'a de relations avec eux, ils vivent isolés au milieu des cités les plus peuplées : enfants, femmes et hommes, tous s'écartent sur leur passage.

Repoussés de leurs semblables, ils se tournent vers Dieu : c'est en lui qu'ils mettent leur unique consolation et leur seul espoir.

La veille d'une exécution, on les voit dans les églises prier avec ferveur. Ils joignent très-souvent leurs pieuses exhortations à celles du prêtre, et, lorsque le malheureux a expié son crime, ils retournent s'agenouiller sur les dalles des parvis sacrés, et ils implorent la miséricorde divine pour l'âme qu'ils ont violemment retranchée de ce monde.

Divers accidents ont démontré, en Espagne, les inconvénients de cette monstrueuse hérédité dans l'emploi de tortionnaire.

Un des bourreaux de Burgos, obligé de remplacer son père, s'évanouit à plusieurs reprises, et quoique maltraité et violenté par six alguazils, il se refusa à achever l'exécution. Un exécuteur de Salamanque tombait gravement malade chaque fois qu'il avait à donner la question; il finit par mourir dans les accès d'un délire furieux.

Les émoluments des bourreaux espagnols sont considérables. Au marché de chaque ville, ils ont le droit d'exiger de chacun des marchands de gibier ou de volaille la valeur de deux sols. Ils prélevaient jadis un tribut d'œufs sur les vendeurs de cette denrée, ils joignaient encore à leurs attributions la profession de crieurs dans les ventes publiques. Nous retrouverons en France de grandes similitudes avec ce mode d'assigner des revenus aux exécuteurs.

Ils portaient enfin, en Espagne, un costume uniforme, qui consistait en une veste de drap brun à liserés rouges, une ceinture jaune et un chapeau à larges bords, sur lequel était brodée une échelle en or ou en argent.

L'homme auquel, aux premiers temps de notre société française, incomba la triste mission de mettre à mort les criminels ou de leur arracher des aveux par la torture, prit le nom d'*exécuteur de la haute justice*, parce que les hauts justiciers, en y comprenant aussi les juges royaux, étaient les seuls qui eussent le droit de condamner aux peines capitales : *Jus gladii*.

Le nom de *maître des hautes œuvres*, qu'ils reçurent presque concurremment avec la désignation précédente, leur venait de ce que, la plupart du temps, les exécutions à mort et les autres peines afflictives ou infamantes avaient lieu sur un échafaud qui dominait la foule, et assurait ainsi au châtiment une publicité salutaire.

En 1323, dans le jugement du baron de Meuillan, on donne aux exécuteurs le nom de *commissaires spiculateurs*.

Ce fut sous Louis IX, vers l'an 1260, que l'on vit pour la première fois apparaître l'épithète de bourreau.

Les écrivains ne sont pas d'accord sur son étymologie.

Les uns veulent qu'il dérive du latin *bourrea*, qui signifiait une poignée de verges de saule, premier instrument de répression des licteurs romains. D'autres le font venir d'un adjectif grec qui exprime la qualification de carnassier;

d'autres enfin ont cherché son origine dans la langue celtique (1).

Quoi qu'il en soit, il est constant que ce mot fut d'abord un terme de mépris, jeté par le peuple à l'exécuteur comme une flétrissure, et que l'opinion publique a consacré. Ce n'est qu'à la longue que l'injure est devenue le nom par excellence.

On trouve, en effet, dans plusieurs arrêts, inhibitions et défenses très-expresses de traiter de bourreau l'exécuteur des hautes œuvres. Parmi les décisions ainsi motivées, je citerai l'arrêt du parlement de Rouen, en date du 7 novembre 1681; celui du parlement de Paris, rendu en faveur de Joseph Doublot, exécuteur de la ville de Blois; un autre arrêt du parlement de Rouen en faveur des nommés Ferey et Jouenne, exécuteurs en cette ville. Ce dernier arrêt fait, en outre, défense d'intercepter la

---

(1) D'après Sauval, le nom de bourreau ne viendrait ni du grec ni du latin : Un clerc, nommé *Borel*, ayant obtenu, en 1260, le fief de Bellencombre, à la charge de pendre tous les voleurs du canton, aurait laissé son nom à la profession.

liberté des requérants dans tous les lieux publics, tels que les églises, les promenades, les spectacles et autres endroits; enfin je mentionnerai encore un arrêt du 12 janvier 1787, *Ouï le rapport, Sa Majesté étant en son conseil,* qui fait très-expresses défenses de désigner désormais sous la dénomination de bourreaux, les exécuteurs des jugements criminels.

On peut conclure de tous ces arrêts et des actes qui les avaient motivés que, de tout temps, en France, la charge que j'ai remplie a été, injustement peut-être, l'objet de l'animadversion publique.

Après les adoucissements de la pénalité judiciaire, lorsque le mouvement d'une machine eut remplacé les hideuses boucheries d'autrefois, j'ai respecté même l'excès du sentiment que nous inspirions. Ce n'était pas à moi qu'il appartenait de supposer que l'abnégation avec laquelle nous servions la société, nous donnât le droit de considérer ce sentiment comme un préjugé.

Avant la révolution, l'exécuteur était reçu, à titre d'office, et avait des lettres de provisions émanées de la grande chancellerie de France, et signées par le roi.

Loyseau, qui donne ce détail, ajoute que cet office était le seul auquel aucun *honneur* ne fût attaché, et il croit nécessaire d'expliquer qu'il en était ainsi par la raison que cet emploi, quoique très-nécessaire, était contre nature.

La coutume prenait encore soin d'établir le degré hiérarchique de la profession. Lorsque le roi avait pourvu à une vacance, une fois les lettres patentes de nomination à la charge d'exécuteur des hautes œuvres signées et scellées, les chauffecires de la grande chancellerie les jetaient sous la table, où le titulaire était tenu de les ramasser.

Cet usage fut aboli vers 1645. Les provisions d'exécuteurs leur furent remises manuellement. Ils prêtèrent leur serment debout comme tous ceux qui étaient pourvus d'offices, au tribunal ordinaire du lieu de leur résidence, audience tenante et furent reçus sur les conclusions du ministère public après une ample information de vie et mœurs accompagnée d'un certificat de catholicité.

Généralement il n'était pas permis à l'exécuteur de résider dans la ville à moins que ce ne fût dans la maison du Pilori qui lui était assignée pour logis.

Dans certains bailliages il portait un costume qui se composait d'une casaque aux couleurs de la ville et sur laquelle étaient brodées, par-devant une potence, et derrière une échelle.

La charge de maître des hautes œuvres n'était pas en France strictement héréditaire comme en Espagne ; cependant, et par toutes sortes de raisons assez faciles à déterminer pour que je ne me donne pas la peine de les énumérer, une fois entrée dans une famille, il était bien rare qu'elle en sortît.

Ce respect de la succession directe et légitime alla jusqu'à reconnaître à l'échafaud un droit à une espèce de minorité, et il provoqua une décision dont les magistrats qui la rendirent ne comprirent pas sans doute la sacrilége horreur.

J'ai déjà dit, et je ne saurais trop m'appesantir sur ce fait, qu'en 1726 Charles Sanson, un de mes ancêtres, étant mort, son fils Charles-Jean-Baptiste Sanson, fut appelé à lui succéder.

Comme il n'avait que sept ans, le Parlement désigna un questionnaire nommé Prudhomme pour faire le *service de la place,* mais ne voulant rien sacrifier de *la forme,* il exigea que le malheureux enfant légalisât toutes les exécutions par sa présence.

L'échafaud pouvait tomber en quenouille. Celui qui épousait la fille unique de l'exécuteur des hautes œuvres succédait à son beau-père.

On verra plus tard que c'est ainsi que ce funeste apanage est arrivé jusqu'à moi.

L'emploi ne devait jamais rester vacant.

Si le dernier titulaire n'avait pas d'enfants, si personne ne revendiquait sa place, la loi permettait au juge d'absoudre un criminel, à la condition qu'il deviendrait exécuteur des hautes œuvres, soit pour toute sa vie, soit pour un temps limité; et, si le criminel se révoltait contre ce nouveau châtiment, s'il préférait aller au gibet comme patient, plutôt que comme bourreau, le juge désignait d'office un pauvre pour procéder aux exécutions, et dans l'un ou l'autre cas la personne choisie devait recevoir cinq écus chaque fois qu'elle exerçait son ministère.

La France a eu des femmes bourreaux.

On lit dans une ordonnance rendue par saint Louis en 1264, « que celui qui aura méfait ou
» médit sera battu par la justice du lieu tout
» de verges en appert, c'est à savoir, si homme,
» par homme, et la femme par seule femme
» sans personne d'hommes. »

Je me hâte d'ajouter que les tortionnaires du sexe féminin subsistèrent peu de temps et que cette ordonnance seule nous prouve qu'elles ont existé.

Si l'office d'exécuteur des hautes œuvres, au moyen âge comme sous la monarchie, était privé d'honneurs, en revanche il avait été très-largement pourvu de droits.

Le premier droit, celui qu'il exerça dans presque toutes les villes, était le droit de *havée* (1).

Ce droit consistait à prélever sur les grains

---

(1) SAUVAL, *Antiquités de Paris* (t. II, page 557) : *Havage, droit de havage ou de havée* : du vieux français, *havir*, prendre, recevoir (*Dictionn. de Trévoux*), d'où le verbe *avoir*, posséder.

Havadium, vel havagium, tributum quod pro mensura exigitur. — *Gallice,* havage *vel* havée.

Glossarium mediæ vel infimæ latinitatis. — LAGRANGE.

qui se vendaient dans les marchés autant qu'on pouvait en prendre avec ses mains.

Ce droit avait été sans doute accordé à l'exécuteur dans le but de l'aider à subvenir à ses besoins personnels et de le dispenser d'acheter des denrées qu'il ne lui était pas toujours facile de se procurer à prix d'argent, beaucoup de gens se refusant à recevoir celui qui sortait d'une telle bourse.

L'exécuteur ne pouvait affermer son droit de *havée*, mais il lui était permis de se faire aider par ses domestiques dans sa perception.

Le nombre des serviteurs qu'il fut amené à employer de cette façon devint assez considérable pour annihiler tous ses profits; aussi, dans la suite, obtint-il de certaines villes que ce tribut en nature fût changé en une somme d'argent (1).

Une lettre adressée par Tardiveau, exécu-

(1) A Paris, où la consommation des denrées était déjà considérable, ce droit, au moment de sa suppression, rapportait de trente à soixante mille livres par an, mais il fallait à l'exécuteur un nombre de préposés égal à la quantité de barrières existant à cette époque; il se montait à quinze ou vingt.

teur des hautes-œuvres en la ville d'Orléans, aux gens tenant le bailliage de cette ville, énumère les gens qui composent sa maison, se plaint du nombreux domestique qu'il est contraint d'entretenir pour la levée et percevance du droit de *havée* sur les différents marchés de la cité.

Afin de distinguer ceux qui avaient acquitté le droit de ceux qui le devaient encore, l'exécuteur et ses aides marquaient les premiers au bras ou à l'épaule avec de la craie.

Ce droit, bien qu'il ne fût pas onéreux pour chaque particulier, n'en était pas plus populaire, mais cette façon de procéder le devint encore moins; le geste de l'exécuteur prêtait aux lazzis et aux quolibets de la foule, qui ne les épargnait pas à ceux auxquels ce geste s'appliquait.

Bientôt ce contact avec le bourreau amena des émeutes dont quelques-unes dégénérèrent en séditions; il fallut interdire à l'exécuteur cette façon de donner quittance à ses débiteurs.

Il se trouva également des acheteurs qui

manifestèrent une horreur réelle ou simulée pour les marchandises qu'avait souillées une main réputée infâme. Les bailliages contraignirent les exécuteurs à se servir d'une cuiller de fer pour prélever leurs dîmes, et ce furent sans doute ces difficultés de perception, bien plus que les doléances des tourmenteurs jurés, qui firent convertir le droit de *havée* en une redevance annuelle et perpétuelle.

Beaucoup d'autres droits s'ajoutaient à celui que je viens d'indiquer.

D'après une ordonnance du Châtelet, datée de 1530, d'après les provisions d'exécuteurs des hautes-œuvres conservées dans ma famille, et dont la première date de 1688, l'exécuteur de Paris avait droit sur les fruits, verjus, raisins, noix, noisettes, foin, œufs et laines; sur le passage du Petit-Pont, sur les chasse-marées, sur chaque malade de Saint-Ladre (les lépreux), en la banlieue; sur les balais, sur le charbon, sur les huîtres, sur le poisson d'eau douce, sur les gâteaux de la veille de l'Épiphanie, sur les vendeurs de cresson, sur la marée, et enfin sur les pourceaux qu'on laissait alors errer dans les rues de Paris (1).

Lorsque ses gens avaient saisi un de ces animaux, ils devaient le conduire à l'Hôtel-

---

(1) Droits du Bourel de la ville de Paris :

Premièrement : toutes personnes qui amèneront foin nouvel ès halles lui doibvent, chascune personne, un denier excepté les francs (les exempts de droit), et ne dure que environ deux mois.

Item : des verjus et des raisins un denier tant qu'ils doivent.

Item : d'une somme d'ouefs (œufs), il a *ij* ouefs.

Item : il prend, sur le petit pont, par vente, pour le passage des fruits et potages nouveaux *iiij* liv. p., et la baille à une certaine personne à ferme.

Item : des chasseurs de marée pour chascun cheval 18 d.

Item : de chascun malade qui demeure en la banlieue de Paris, il a *iiij* sols par an et se paient aux *iiij* termes.

Item : il a de chascune chasretée de gâteaux qui viennent à la veille de l'an, et à la Tiphaine (Epiphanie), un gâteau.

Item : il a de chascune personne qu'il met au pilori v sols.

Item : il a de chascune personne qui amène crosson v d.

Item : ceux qui vendent porraux, qui viennent de Bonneuil et des environs donnent chascun I s. un denier.

Item : sur les pourceaux qu'il prend en dedans les portes de Paris, et les mène à l'Hôtel-Dieu : il en a la vente ou v s. pour les porcs de Saint-Antoine.

Item : chascune somme de balai lui doit un balai.

Item : xx*iiij* sols sur ceux qui vendent poisson d'eau douce à la pierre aux poissons.

Item : les droits du bourel, — est à noter que quand un homme est justicié pour ses démérites, ce qui est au-dessous de la ceinture est au bourel, de quelque prix que ce soit. (Collection des Leber, t. 19, pag. 174, 175).

Dieu, où ils exigeaient soit la tête, soit cinq sols en argent pour chaque capture.

Il avait encore son avoir sur les justiciés.

Il ne leur fut d'abord permis de prendre de leurs vêtements que ce qui se trouvait au dessous de la ceinture ; ils obtinrent plus tard la dépouille entière des condamnés.

Dans certaines cités, à Orléans, par exemple, l'exécuteur prélevait une taxe sur les filles de mauvaise vie. Cette dernière ville possède dans ses archives une pièce qui l'établit.

Cette pièce est ainsi conçue :

« Nous avons aujourd'hui condamné et condamnons Jehannette la Lande, Marie de Hart, Guillemette la guarce, Jeanne la Pierriere, Jehannette du Mans, Catherine de Saint-Omer, Crispine de Lorraine et Alis de Sens, filles de vie, de leur consentement, à rendre et payer chacun an, à toujours et dorénavant, de quinze jours en quinze jours, à maître Pierre Robert, exécuteur de la haute justice de Monseigneur le duc d'Orléans, quatre deniers pour certains droits que ledit exécuteur prend sur les filles de vie. »

D'après Sauval, les religieux de Saint-Martin devaient tous les ans à l'exécuteur de la haute justice, cinq pains et cinq bouteilles de vin pour les exécutions qu'il faisait sur leurs terres. Les religieux de Sainte-Geneviève lui payaient cinq sols tous les ans pour exemption du droit de *havée;* enfin, le jour de Saint-Vincent, patron de l'abbaye de Saint-Germain-des-Prés, l'abbé lui donnait une tête de pourceau, et le faisait marcher au premier rang de la procession.

Outre tous les droits que je viens d'énumérer, l'exécuteur recevait encore une somme d'argent par exécution.

Au XIVe et au XVe siècle ce droit me paraît avoir été fixé à cinq sols. C'est encore dans les archives d'Orléans que se trouve la confirmation de cette rétribution monétaire.

Les comptes de la prévôté contiennent une note ainsi conçue :

« A Guillaume, receveur des exploix de ladite prévosté d'Orléans, payé à maistre Pierre Robert, exécuteur de la haute justice, pour monseigneur le duc d'Orléans, la somme de xv sols parisis, pour son salaire, d'avoir exécuté samedi dernier Sansonnet de Berry, de la cour de mondit seigneur le duc, pour aulcunes vilaines et horribles paroles que ledict Sansonnet avaict dites de Dieu et de la vierge Marie en la manière qui s'ensuit : c'est à savoir : De l'avoir percé la langue d'une broche de fer et lui avoir coppé l'oreille dextre... v s. p. ; pour l'avoir mené par les carrefours d'Orléans v s. p. ; et pour le mectre au pilory et lui flétrir les lèvres d'une broche chaulde v s. p.

» Donné soubs le sceaul de ladite prevosté, le xxviie jour de mars et unze avant Pacques. »

Il arriva que l'exécuteur, non content des émoluments qui lui étaient attribués, crut pouvoir les augmenter par la concussion.

Cet abus dut être réprimé ; ce fait nous est prouvé par une ordonnance du bailliage d'Orléans qui fait défense à l'exécuteur de la haute justice de percevoir d'autres droits que ceux portés par le règlement de 1684. Nous croyons devoir donner *in extenso* cette pièce curieuse signée de deux gloires orléanaises : Pothier et Jousse.

« A tous ceux qui ces présentes lettres verront: Henry-Gabriel Curault, écuyer, seigneur de Malmuffe, et autres lieux, conseiller du roi et de son Altesse Sérénissime monseigneur le duc d'Orléans, lieutenant général, commissaire enquêteur et examinateur au bailliage et siége présidial d'Orléans, Salut. Sçavoir faisons que, vû la requête à Nous présentée par le procureur du Roi, expositive que les plaintes, souvent répétées, qui lui ont été portées par les différentes personnes qui apportent des denrées aux marchés de cette ville; les informations qu'il a faites pour s'assurer de la légitimité de ces plaintes, l'ont convaincu de plus en plus de l'irrégularité de la conduite de l'exécuteur de la haute justice dans la perception de son droit de havée sur les objets indiqués par le règlement provisionnel du 29 novembre 1684, soit en percevant ce droit dans tout autre endroit que celui qui lui est prescrit par le même règlement, soit en l'exigeant sur toutes espèces de marchandises qui entrent en cette ville, soit en percevant ce droit à tout autre jour que celui que porte ce règlement. Que ce règlement est si clair et si précis, qu'il n'a jamais pu servir de prétexte à l'exécuteur de l'enfreindre en la moindre partie.

» En effet, l'article premier porte : « Qu'en cette ville d'Orléans ledit exécuteur ne pourra lever lesdits droits de havée que sur les denrées apportées de dehors à vendre ès marchés d'icelle, et aux jours de mercredi et samedi seulement, ou les jours précédant iceux, si se rencontre aucune fête esdits jours de mercredi et samedi. »

» Que le même exécuteur, sous prétexte d'exécution de justice faite ou à faire, ou que cette exécution a eu lieu contre plusieurs accusés, quoique le même jour, anticipe la perception de son droit, ou la prolonge autant de jours différents qu'il y a eu d'exécutions : ce qui est également contraire à la disposition de notre règlement qui porte, article 5 : « Et le samedi prochain ensuivant le jour que ledit exécuteur aura fait aucune exécution de justice, il prendra au double lesdits droits, en sorte qu'au lieu de deux deniers, il lèvera quatre deniers, et au lieu de cinq deniers il en levera dix, de chacun de ceux qui, ledit jour de samedi, apporteront comme dessus de dehors au marché lesdites denrées, sans qu'il puisse exiger le double desdits droits à autre jour que du samedi en suivant l'exécution de justice qu'il aura faite.»

» Que dès l'année mil sept cent soixante ou mil sept cent soixante-un, ledit exécuteur avait étendu ses droits tels qu'il les perçoit aujourd'hui, et sans y être autorisé; sur les plaintes que le procureur du Roi nous en avait portées alors, nous prîmes avec lui les mesures les plus sages pour arrêter ces entreprises, mais que s'étant pourvû en la cour, il aurait toujours continué, persuadé que la cour l'autoriserait dans sa conduite; cependant, par arrêt du 30 avril 1763, la cour ordonna que « le règlement de mil six cent quatre-vingt-quatre sera exécuté selon sa forme et teneur, sans qu'il soit permis à l'exécuteur de prendre autres et plus grands droits que ceux qui y sont portés. »

» Cet arrêt qui ordonne l'exécution provisoire du règlement dont l'exécuteur demandait la réformation, a eu lieu pendant quelque temps; l'exécuteur s'est renfermé dans son exécution, mais insensiblement sous prétexte d'une perception plus facile de son droit et sous divers autres prétextes, l'exécuteur a perdu de vue ce qui lui était prescrit; on ne reconnaît plus dans sa conduite rien qui puisse être émané d'une autorité légitime; l'indépendance à laquelle il tend, annonce un dessein formé de ne plus s'assujettir à aucune règle; mais comme il ne lui est pas permis de s'en écarter; que par l'arrêt de la cour il y est assujetti plus que jamais; qu'il serait même dangereux de rester plus longtemps dans le silence à cet égard; en conséquence nous requiert le procureur du Roi, ordonner que notre règlement du mois de novembre mil six cent quatre-vingt-quatre, sera exécuté selon sa forme et teneur; ce faisant, faire défense à l'exécuteur de la haute justice; de percevoir autres et plus grands droits que ceux qui lui sont prescrits par ledit règlement, et tels de la manière portée par les articles un et cinq dudit règlement, sous telles peines qu'il appartiendra, de cinquante livres d'amende, même de prison contre ledit exécuteur ; ordonner que notre présente ordonnance sera imprimée et affichée partout où besoin sera, et notamment dans les places et marchés de cette ville, aux portes de ladite ville et qu'elle sera notifiée à la requête du procureur du Roi audit exécuteur, à ce qu'il n'en puisse prétendre cause d'ignorance : ladite requête signée : Paris, avocat du Roi.

» Le tout considéré, nous ordonnons, ce requérant le procureur du Roi que notre règlement du mois de novembre mil six cent quatre-vingt-quatre sera exécuté selon sa forme et teneur ; ce faisant, faisons défenses à l'exécuteur de la haute justice de percevoir autres et plus grands droits que ceux qui lui sont prescrits par ledit règlement, et tels et de la manière portée par les articles un et cinq dudit règlement, sous telles peines qu'il appartiendra, de cinquante livres d'amende, même de prison contre ledit exécuteur. Ordonnons que notre présente ordonnance sera imprimée et affichée partout où besoin sera, et notamment dans les places et marchés de cette ville, aux portes de cette ville, et qu'elle sera notifiée à la requête du procureur du Roi audit exécuteur, à ce qu'il n'en puisse prétendre cause d'ignorance. Donné et arrêté en la Chambre du conseil du Bailliage d'Orléans, par nous Robert-Joseph Pothier, conseiller-doyen, président; où étaient Messieurs René-Louis Delagueulle de Coinces père; François Alix; Daniel Jousse; Jacques-Isaac Seurrat; François-Florent-Théophile Luillier de Planchevilliers; René-Louis Delagueulle de Coinces fils; Jacques-Simon Le Clerc de Douy et François-Raymond Grignon de Bonvalet, tous conseillers, juges-magistrats audit siége, le trente janvier mil sept cent soixante-dix.

« *Signé :* BRUNEAU. »

En 1721 les plaintes auxquelles la perception du *droit de havage* donnait lieu, fatiguèrent tellement les autorités, que S. A. R. Mgr le duc d'Orléans, régent de France, le supprima à Paris, et le remplaça par un traitement fixe de seize mille livres par an (1).

---

(1) Arrêt du 1er octobre 1721.

Jusqu'en l'année 1727 ce traitement, comme ceux des autres offices de la couronne, fut payé directement par le trésor royal ; un arrêt du 14 janvier de cette année 1727, le mit à la charge de la caisse des domaines et bois de la généralité de Paris.

Avant la Révolution, l'exécution des jugements de la cour du Parlement, et des autres tribunaux jugeant aux peines capitales, embrassait trois charges qui portaient les dénominations suivantes :

1° *L'Exécuteur* des hautes œuvres de la ville, prévôté et vicomté de Paris.

2° *Le Questionnaire.*

3° *Le Charpentier.*

Toutes les peines entraînant la mort immédiate étaient dans les attributions de l'exécuteur.

Outre les seize mille livres de traitement que lui attribuait le décret du 1er octobre 1721, il recevait des indemnités pour les exécutions qu'il avait à faire en dehors des murs de Paris ; on lui remboursait le prix des fournitures qu'occasionnaient les exécutions tant à Paris que dans l'étendue de la généralité et du ressort du Parlement.

Les aides étaient de deux catégories : 1° les fils d'exécuteurs de province, non appointés, mais nourris et logés ; 2° les *valets* qui remplissaient au logis l'office de domestiques.

En outre de ces aides, l'exécuteur devait entretenir deux charretiers aux gages de 1200 livres chacun et deux équipages.

Le *Questionnaire* était souvent un fils ou un parent de l'exécuteur des hautes œuvres. Il donnait la question ordinaire et extraordinaire, ainsi que celle que l'on appelait préparatoire et que supprima le roi Louis XVI à son avénement au trône. Il avait la fourniture des cartons sur lesquels on inscrivait le crime des condamnés au carcan, et des tableaux où était peinte l'effigie de ceux que l'on exécutait par contumace. Comme l'exécuteur, il était reçu à titre d'office.

Si on en juge par la valeur de sa charge (quarante à cinquante mille francs) l'office de *Charpentier*, bien qu'aucun traitement fixe n'y fût attaché, devait être fort lucratif. On peut, du reste, en juger par un état de fournitures d'exécutions signé du sieur Matagon, caissier des domaines et bois en la généralité de Paris pour les années 1784, 1785, 1786 et 1787, c'est-à-dire sous le règne du roi Louis XVI qui, de tous les rois de France, fut certainement le plus avare du sang de ses sujets. Le total de cet état s'élève à la somme de 164,758 livres, ce qui donne un autre total de 41,189 livres dix sols par année.

Le *Charpentier* veillait à la conservation des *justices*; il construisait, il réparait, il entretenait les échafauds et tout le matériel des supplices.

En 1789, dans le grand mouvement qui agitait les esprits et les ramenait aux principes de la justice et de la raison, quelques voix généreuses s'élevèrent en faveur des malheureux sur lesquels, depuis des siècles, pesait un si cruel préjugé.

Si j'ai courbé la tête sous ma destinée, si j'ai accepté sans murmure la flétrissure que la société attachait aux fonctions que les hasards de la naissance m'avaient imposées, je ne me refuserai pas la consolation de répéter ici les éloquentes paroles qui revendiquèrent pour nous les droits de citoyens auprès de l'assemblée nationale.

C'est un double devoir de reconnaissance envers ceux qui se firent nos défenseurs et de piété filiale envers mes ancêtres, qui portèrent avant moi la croix qui m'a semblé si lourde.

« Que deviendrait la société, disait M. Mat-
» ton de la Varenne dans cette circonstance,
» de quelle utilité seraient les juges, à quoi
» servirait l'autorité, si une force active et
» légitime n'exécutait les jugements rendus
» pour venger les outrages faits à la loi, en
» la personne des citoyens qu'elle protége ? Si
» la punition du coupable est déshonorante
» pour celui qui la lui fait subir, les magis-
» trats qui ont instruit le procès de l'accusé et
» prononcé la peine, le greffier qui a rédigé
» les jugements, le rapporteur et le lieutenant
» criminel qui le font exécuter sous leurs yeux,
» ne doivent-ils pas avoir leur part du déshon-
» neur? Pourquoi celui qui met la dernière
» main au supplice, qui déteste le crime qu'il
» punit, serait-il avili par des fonctions qui
» ne sont, en quelque sorte, que le complé-

» ment de celles des magistrats et poursuivent
» le même but.

« Un scélérat a osé incendier la propriété
» d'un citoyen, rougir ses mains du sang de
» son frère, vous demandez sa mort à grands
» cris, vous y assistez en foule et vous ne vou-
» lez point reconnaître pour citoyen, et vous
» regardez comme infâme celui qui a fait subir
» au monstre le châtiment que vous-même
» vous avez provoqué? Soyez donc justes et
» conséquents avec vous-mêmes; convenez-
» donc que ce n'est ni le magistrat, ni l'exé-
» cuteur, mais le coupable seul qui mérite votre
» horreur. »

Le plus illustre orateur de l'assemblée, le grand démolisseur des préjugés, se leva dans l'assemblée pour plaider notre cause avec sa véhémence ordinaire. Il s'appuya sur la bizarre contradiction qui note d'infamie l'exécuteur des jugements d'un tribunal, tandis que le soldat qui a fait périr son camarade sous les verges n'est pas jugé indigne de parvenir aux grades et d'obtenir la croix de Saint-Louis; il rappela qu'à Londres, un shériff n'avait pas cru devoir hésiter à remplir de fonctions nécessaires, en fouettant de ses mains un criminel ; il déclara que la société, qui au nom de son salut nous condamnait à répandre le sang de nos semblables, ne pouvait pas payer le service qu'elle exigeait de nous en nous repoussant de son sein.

En 1793, la convention nationale réforma complétement la juridiction criminelle en ce qui concernait les exécuteurs.

Par un décret du 13 juin 1793, elle décida qu'il y aurait un exécuteur des jugements des tribunaux dans chaque département de la République.

Elle mit le traitement de ces exécuteurs à la charge de l'État.

Dans les villes dont la population n'excède pas 50,000 âmes, ce traitement fut de 2,400 liv.

Dans celles dont la population était de 50 à 100,000 âmes, il fut de 4,000 liv.

De 6,000 livres dans les villes dont la population dépassait 100,000 âmes.

Enfin, les appointements de l'exécuteur de Paris furent fixés à 10,000 liv.

Un autre décret du 3 frimaire an 2, déterminait le nombre des aides accordés aux exécuteurs des jugements criminels, et décidait qu'il serait payé aux exécuteurs des départements une somme de 1,600 livres pour deux aides à raison de 800 livres chacun ; à celui de Paris 4,000 livres, pour quatre aides à raison de 1,000 livres chacun ; ce décret contenait encore cette singulière disposition que, tant que le gouvernement français serait révolutionnaire, l'exécuteur de la ville de Paris recevrait une somme annuelle de 3,000 livres pour supplément à son traitement.

Ce n'était pas trop, en vérité, pour la moisson de têtes qu'on exigeait de lui.

Cette réhabilitation à laquelle nous avions si ardemment et si vainement aspiré, le sanglant régime de ce temps-là nous l'offrait. Il nous admettait au grade d'officier dans les armées. Un représentant du peuple en mission à Rochefort, Lequinio, embrassait tous les exécuteurs de France dans la personne du citoyen Ance qui exerçait ces fonctions dans cette ville, il l'invitait à un dîner où il le plaçait en face de lui entre ses deux collègues Guesno et

Topsent (1). Un décret défendait de nous flétrir de cette épithète tant de fois maudite de bourreau ; pendant la séance dans laquelle ce décret avait été rendu, il fut même question de nous

---

(1) « Encore un grand triomphe moral, citoyens mes collè-
» gues, non pas sur les *momeries presbytérales,* elles n'existent
» plus dans ce pays, mais sur un *préjugé* non moins fort et non
» moins enraciné qu'elles ! Nous avons formé ici un tribunal
» révolutionnaire comme celui de Paris, et nous en avons
» nommé nous-mêmes tous les membres, excepté celui qui
» doit clore la procédure, le *guillotineur.* Nous voulions
» laisser aux patriotes de Rochefort la gloire de se montrer
» librement les vengeurs de la République, trahie par des
» scélérats ; nous avons exposé le besoin à la société popu-
» laire : *Moi,* s'est écrié avec un noble enthousiasme le
» citoyen Ance, *c'est moi qui ambitionne l'honneur de faire*
» *tomber la tête des assassins de ma patrie.* A peine a-t-il eu
» le temps de prononcer cette phrase, que d'autres se sont
» levés pour le même objet, et ils ont réclamé du moins la
» faveur de l'aider ; nous avons proclamé *le patriote Ance*
» guillotineur et *nous l'avons invité à venir en dînant avec*
» *nous,* prendre ses pouvoirs par écrit, et les arroser d'une
» libation en l'honneur de la République. Nous pensons qu'en
» peu de jours les juges le mettront à même de donner la
» preuve pratique du *patriotisme* avec lequel il vient de se
» montrer si au-dessus des *préjugés,* qu'il fut toujours inté-
» ressant aux rois et aux tyrans d'entretenir, pour nourrir
» toutes les inégalités sociales sur lesquelles s'établissait leur
» puissance. »

décerner le titre de *vengeur national,* et l'on s'était à grande peine contenté de la qualification moins sonore *d'exécuteur des jugements criminels.*

Mais en même temps que les comités, que les proconsuls de ce temps-là nous fournissaient ces témoignages de leur tendresse, ils faisaient de nous les proxénètes de l'orgie de sang à laquelle ils présidaient; ils nous déclaraient des hommes, et ils imposaient aux passifs instruments de leur délire, les appétits de ces monstrueuses idoles de l'extrême Asie; qui, dans l'hécatombe qu'on leur présente, ne choisissent pour victimes que les têtes qui ont été marquées de l'un des signes de l'innocence, de la vertu et du génie.

Plus tard, lorsque le petit-fils de celui qui, pendant ces épouvantables années a tenu la hache, dressera l'*irrécusable* bilan de l'échafaud, on verra de quel prix la Convention nous faisait payer sa justice, et l'on verra quelle a été son *ingratitude* envers ceux qui ont fait couler pour elle ce fleuve de sang, barrière infranchissable entre eux et leurs semblables!

Sous l'Empire, sous la Restauration, la situation des exécuteurs resta telle que la République l'avait instituée.

Une ordonnance du roi Louis-Philippe, datée du 7 octobre 1832, y apporta d'assez graves modifications.

Le nombre des exécuteurs fut réduit de moitié ; elle ne laissa subsister qu'un aide dans toutes les villes, Paris et Rouen exceptées.

Elle établit les traitements sur les bases suivantes :

Pour l'exécuteur résidant à Paris.	8000 fr.
» » » à Lyon.	5000
Pour l'exécuteur résidant à Rouen, à Bordeaux.	4000
Dans les autres villes dont la population excède cinquante mille âmes.	3500
Dans les villes dont la population est de vingt à cinquante mille âmes.	2400
Dans les villes de vingt mille âmes et au dessous.	2000

Un autre arrêté du président de la République, du 9 mars 1849, limita le nombre des exécuteurs au nombre des cours d'appel, en établissant des exécuteurs adjoints dans les villes où siégent les cours d'assises.

Les aides se trouvèrent supprimés.

Néanmoins, le département de la Seine en conserva deux et on en laissa un au département de la Corse.

Dans cet arrêté, les gages des exécuteurs en chef sont fixés comme il suit :

Cinq mille francs à Paris.

Quatre mille francs à Lyon.

Trois mille francs à Bordeaux, Rouen et Toulouse.

Deux mille quatre cents francs dans les vingt-deux autres villes où siégent les cours d'appel.

Nous voilà bien loin de l'époque ou Monsieur de Paris percevait cinquante mille livres pour ses droits de havage. Remarquons en même temps que des lettres patentes, des décrets qui réglaient la situation des exécuteurs, nous sommes passés aux simples arrêtés, que le traitement est devenu un gage, et tirons-en cette conclusion, que lorsque des emplois comme celui-là s'amoindrissent, le jour n'est pas éloigné où ils disparaîtront tout à fait.

En donnant au public ces pages, que je crois intéressantes, sur les supplices et sur l'exécuteur, on comprend que je me suis appliqué à conserver l'exactitude et la vérité qui doivent être le cachet de cette œuvre. — Aussi ai-je dû avoir recours, indépendamment de nos traditions et de mes souvenirs à plusieurs auteurs que je me fais un devoir de citer ici, en y renvoyant au besoin le lecteur.

MERLIN, *Répertoire de jurisprudence.*

LACHESNAYE-DESBOIS, *Dictionnaire des mœurs et usages des Français.*

THORILLON, *Idées sur les lois criminelles.*

MEZERAI, *Histoire de France.*

DELAMARRE, *Traité de la police.*

PAILLET, *Manuel du droit français.*

LOYSEL, *Institutions coutumières.*

DULAURE, *Histoire de Paris.*

BOURGUIGNON, *Dictionnaire des lois pénales en France.*

BACCARIA, *Des délits et des peines.*

VOLTAIRE, *Dictionnaire philosophique.*

GRAVINA, *Histoire générale de la législation romaine.*

CHERUEL, *Institutions, mœurs et coutumes de la France.*

H. MARTIN, *Histoire des Français.*

LE MAIRE, *Histoire d'Orléans.*

On voudra bien s'expliquer de cette façon l'emploi du mot

de bourreau, qui se trouve quelquefois dans cette étude : c'est rarement moi qui m'en suis servi, car il m'appartenait moins qu'à tout autre d'employer une expression contre laquelle ma famille et moi n'avons cessé de protester, et qui pourrait blesser de légitimes susceptibilités.

S.

MÉMOIRES DES SANSON

I

ORIGINE DE MA FAMILLE

Les auteurs de mémoires préludent ordinairement à l'autobiographie dont leurs récits sont le prétexte, par de minutieux détails sur la généalogie de celui qui se met en scène.

La vanité humaine ne saurait laisser échapper cette occasion de décliner ses titres, de déployer ses parchemins.

Je comprends trop combien des prétentions nobiliaires peuvent paraître ou ridicules ou odieuses chez le descendant direct et légitime de tant de bourreaux, pour n'avoir pas songé à me soustraire, sur ce point, aux exigences de la situation.

Ce ne sera pas sans répugnance, ce ne sera pas sans avoir soutenu une lutte contre moi-même, que je me serai résigné à dépouiller le cimier du *noble homme* de la rouille sanglante qui cachait à tous les regards l'écusson très-réel de *Messieurs de Paris*.

Mais qui dit mémoires, dit confession.

Le principe essentiel d'une confession, fût-elle profane, est l'humilité ; pour premier devoir elle impose le sacrifice de ses sentiments personnels à la vérité.

Force m'est donc de raconter comment, par une amère dérision de la destinée, celui qui légua à son fils le terrible héritage que j'ai recueilli à mon tour, était un gentilhomme ; force me sera d'avouer au début de ce livre que ce fut une chute qui précipita six générations de mes ancêtres dans la voie d'opprobre où la fatalité les a maintenues jusqu'à moi.

En 1829, un éditeur nommé Sautelet demanda à une agrégation d'écrivains, des mémoires, qu'avec une audace incroyable il ne craignit pas d'attribuer à mon père.

Celui-ci était un homme d'un caractère doux et timide. Tant que la main de la justice ne venait pas heurter à sa porte, tant que la société ne commandait pas, il éprouvait une profonde répugnance à sortir de l'ombre et de l'oubli qui pouvaient seuls adoucir momentanément les amertumes de sa triste profession.

Il hésita longtemps avant de se décider à protester contre cette inqualifiable usurpation de sa personnalité et de son nom. Il était, néanmoins, sur le point de le faire, lorsqu'un tragique événement, le suicide de l'éditeur, vint, en suspendant cette publication, permettre à mon père d'ajourner sa légitime réclamation.

Peu de temps après, la révolution de 1830 était consommée.

La catastrophe qui renversait pour la seconde fois une monarchie de neuf siècles absorbait tous les esprits.

Un roi tombait. Qui pouvait avoir souci du bourreau, de ses plaintes, ou de ses prétendus Mémoires?

Deux volumes de cette publication avaient été mis en vente, et les souscripteurs eux-mêmes ne paraissaient pas songer à en réclamer la suite.

Mon père ne laissa donc point échapper cette occasion de ne pas sortir du mutisme qu'il considérait comme une des obligations de sa position sociale.

Ces deux volumes sont du reste un tissu d'allégations mensongères et d'inventions puériles, dénuées, je ne dirai pas seulement de vérité, mais même de vraisemblance.

Voici la version que les auteurs avaient imaginé de placer dans la bouche de mon père à propos de l'origine de notre famille.

« En fouillant dans nos annales judiciaires,
» disaient-ils, on trouve que sous Louis XIII, un
» Sanson était exécuteur commissionné par le
» duc de Lorge, grand justicier de France,
» et qu'il s'était allié à la famille des Ferey,
» qui avait le privilége de mettre à mort les

» criminels dans le ressort de l'île de France.

» En remontant plus avant dans la série de
» nos ancêtres, on découvre la fatalité hérédi-
» taire à laquelle j'ai vainement tenté moi-
» même de dérober mon existence.

» Le premier des Sanson qui ait voué son
» existence au châtiment des coupables, *Pietro*
» *Sansoni,* car il était italien, fut jeté dans
» cette carrière de réprobation par des senti-
» ments héroïques pour le temps où il vivait et
» par un concours de circonstances bien affreu-
» ses. Son histoire serait un document précieux
» pour quiconque désire connaître à quel degré
» d'exaltation peuvent arriver les passions hu-
» maines. »

Les auteurs de ces soi-disant Mémoires n'ont pas été plus heureux dans la fable généalogique qu'ils nous prêtaient, que dans les récits historiques qu'ils nous ont attribués. Tout est faux dans ce paragraphe, je veux le démontrer avant d'établir la filiation réelle de mes aïeux.

Le roi Louis XIII avait bien son justicier de fait. C'était cet illustre cardinal qui fauchait grands et petits et couvrait tout de sa soutane rouge ; mais de justicier en titre, il n'en existait pas.

Ayant créé la charge, en affubler un *duc* de Lorges, c'est en vérité dépasser les bornes de la licence pseudo-historique. Le *duc* de Lorges de 1635 doit aller retrouver le *grand justicier* dans le royaume des chimères ; ce ne fut qu'après la mort de Turenne, en 1676, que le chef de cette maison fut créé duc et maréchal par Louis XIV.

Avec la moindre notion de la coutume de l'Ile de France, ces messieurs se fussent épargné cette prodigalité d'imagination. Ce n'était pas le grand justicier du royaume qui délivrait les lettres de provision d'office d'exécuteur, c'était le chancelier, au nom du roi, et un élève de quatrième suffisait pour leur indiquer le nom du titulaire de cette charge à l'époque qu'ils indiquent, et leur apprendre qu'il se nommait Pierre Séguier.

Enfin, un dernier argument sera péremptoire : les noms des exécuteurs des hautes-œuvres ont été conservés. Aucun Sanson ne figure parmi eux avant l'année 1688. Celui qui exerçait ces fonctions antérieurement, s'appelait Nicolas Levasseur dit La Rivière.

Je ne disconviens pas que cette invention romanesque qui nous assigne l'Italie pour berceau, et nous fait descendre de quelque *bravo* aux gages de l'une des républiques de la péninsule, n'eût une physionomie pittoresque qui devait séduire des gens en quête de tout ce qui leur paraissait susceptible de surexciter la curiosité publique.

Ces messieurs ne trouvaient pas sans doute en nous assez d'exterminateurs, et peu leur coûtait d'adjoindre le poignard à la hache.

Un peu plus, un peu moins de sang aux mains des bourreaux, que leur importait?

Si je me suis étendu aussi longuement sur ces Mémoires apocryphes, c'est pour qu'ils ne puissent jamais être opposés par les personnes de bonne foi à l'ouvrage que je publie aujourd'hui, et qui est le seul véritable dépôt des souvenirs de ma famille. J'ai retrouvé dans les papiers de mon père, un projet de la lettre qu'il se proposait d'écrire aux journaux pour démentir ces faux Mémoires.

Ce projet est ainsi conçu :

MONSIEUR LE RÉDACTEUR,

Plusieurs personnes recommandables, qui veulent bien m'honorer de leur estime, ont paru croire que j'étais l'auteur des *Mémoires de Sanson*, exécuteur des arrêts criminels. Je déclare que je n'ai jamais rien écrit de semblable et que les souvenirs que mon père nous a laissés n'offrent aucune analogie avec cette publication dont tous les détails sont romanesques.

J'ai l'honneur d'être, etc.

Au dos se trouve une liste des journaux auxquels cette lettre était destinée; ils sont au nombre de sept : la *Gazette de France,* le *Journal des Débats,* la *Gazette des Tribunaux,* le *Constitutionnel,* le *Courrier Français,* la *Quotidienne* et le *Courrier des Tribunaux.*

Plus tard, quand mon pauvre père vint lui-même à mourir, je fus à mon tour l'objet de nouvelles sollicitations pour sortir de l'ombre mystérieuse dans laquelle nous nous tenions cachés. Je reçus d'un écrivain très-honorablement connu la lettre suivante que je publie avec la réponse que j'y fis le lendemain même:

Monsieur,

Un libraire étant venu me proposer de faire, sur quelques notes qu'il m'a promises, la biographie de monsieur votre père, j'ai l'honneur de vous avertir que je n'ai pas voulu me rendre à son invitation avant d'avoir reçu votre agrément et la pleine assurance que ce projet ne contrarierait en rien les idées de votre famille. Je n'ignore pas, Monsieur, que la probité ayant toujours été l'héritage de chacun de ses membres, je n'aurai rien à donner à la malignité publique, et c'est là, je vous l'avoue, ce qui me rend attrayante la tâche que l'on demande à ma plume.

S'il vous plaisait, Monsieur, de nous aider de vos conseils et des renseignements que vous possédez mieux que personne, nous ne serions pas exposés à commettre des erreurs dont le moindre inconvénient est de tromper la religion des lecteurs. Je crois d'ailleurs pouvoir dire sans crainte que nous mériterions tous à cette œuvre: vous, de la mémoire d'un père révéré; nous, en mettant en lumière des vertus que nous apprécions et que nous savons n'avoir que peu de confidents après les pauvres de votre quartier.

Veuillez, Monsieur, me faire répondre le plus tôt qu'il vous sera possible, et recevoir l'assurance de ma considération distinguée

Paris, 3 octobre 1840.

Monsieur,

J'ai eu l'honneur de recevoir votre lettre, et je m'empresse de vous remercier des intentions bienveillantes que vous manifestez à l'égard de mon père et de ma famille ; mais puisque vous avez la bonté de me consulter sur ce qu'il conviendrait de faire, je dois vous dire avec franchise que ce serait malgré moi qu'on publierait une biographie de mon père, comme ç'a été malgré lui qu'ont été imprimés dans le temps des Mémoires qui ne sont qu'un roman ; je vous supplie de ne voir aucune intention désobligeante dans ce que j'ai l'honneur de vous dire, mais seulement l'expression du désir que nous avons d'être ignorés dans la position difficile où le sort nous a placés. Ma famille et moi sommes très-reconnaissants de l'opinion favorable que vous voulez bien avoir de nous ; c'est une consolation dans notre malheur, dont nous garderons éternellement le souvenir.

Veuillez agréer l'assurance du respect et de la haute considération avec lesquels j'ai l'honneur d'être,

Monsieur,

Votre très-humble serviteur.

On voit que nous n'étions rien moins que disposés à entretenir le public de nous, et que, sans l'événement qui m'a fait rentrer dans la vie privée, et a rendu à ma vieillesse une indépendance tardive et inespérée, ces Mémoires, que je publie aujourd'hui, n'auraient sans doute pas vu le jour.

Si je me suis décidé à remonter, dans le passé de ma famille, plus loin que celui dont les fatales passions ont si cruellement bouleversé les destinées de sa race; si j'inflige à ceux de mes aïeux qui dorment dans leur tombe vierges de tous autres meurtres que du meurtre glorieux des ennemis de leur pays, cette lamentable revendication du dernier de leurs fils, c'est à la fois pour opposer la vérité à un mensonge, et pour exposer avec la sincérité que je promettais en commençant ces mémoires, les douloureux événements qui firent de l'un de nous un bourreau, et le forcèrent à échanger son épée contre le glaive sinistre des expiations judiciaires.

L'origine d'une famille s'établit par les documents authentiques, et par les récits légendaires qui se transmettent du père au fils dans les causeries du foyer.

Les uns sont discutables, les autres empruntent une valeur officielle aux actes légaux dont ils émanent.

Dans ce que je raconterai de mes ancêtres, j'aurai soin de distinguer ce que je tiens de la tradition de ce qui s'appuie sur des titres irrécusables.

Condamnés au plus épouvantable des isolements, solitaires au milieu de douze cent mille de nos semblables, ne rencontrant jamais dans l'immense cité une main pour serrer notre main, un verre pour choquer notre verre, nous devions nécessairement chercher en nous-mêmes des ressources contre l'horreur de cette situation.

Les causeries dont je parlais tout à l'heure étaient donc, chez nous, plus fréquentes, plus intimes, et, le dirai-je? plus tendres qu'elles ne le sont chez ceux pour lesquels les joies de ce monde ont été faites.

Dans sa grandiose esquisse de notre profession, M. le comte de Maistre nous reconnaît le droit d'aimer une *femelle* et des *petits*.

En lisant ces pages dont chaque mot, goutte d'airain fondu, tombait sur mon cœur et y laissait sa trace, je me suis souvent étonné qu'un écrivain, aussi pénétré que l'était celui-là de l'intervention divine dans les choses d'ici-bas, ait méconnu la loi de justice dont le Créateur est l'expression la plus sublime; je ne comprends pas encore qu'il n'ait pas réfléchi que Dieu ne pouvait pas avoir permis d'être en proie à une infortune comme la nôtre sans l'adoucir par une des faveurs secrètes qu'il dispense, qu'il n'ait pas pressenti que l'exécration générale devait ouvrir dans nos âmes les sources d'un amour assez puissant pour sembler ne plus appartenir à cette terre.

A l'heure où j'écris ces lignes, il y a bien des années que les voix chéries ne retentissent plus sous les solives noircies de ce plafond, et cependant, il m'a suffi de parler des longs entretiens, des doux épanchements du passé, pour qu'aussitôt les images de ceux que j'aimais et qui m'aimaient se détachassent des brumes que j'ai laissées derrière moi.

J'ai revu mon père

J'ai entendu le parquet crier sous ses pas, il a traversé la vaste salle, il est venu s'asseoir dans le large fauteuil de velours d'Utrecht jaune, qui marquait sa place au coin de l'âtre et qui depuis si longtemps était vide; il a fixé sur moi ses yeux si doux et si tristes; le pénible sourire qui lui était familier a glissé sur ses lèvres; j'ai retrouvé sur son visage cette muette, cette navrante éloquence qui tant de fois a fait songer ma jeunesse, et je sens mon cœur qui palpite dans ma poitrine, et l'émotion me suffoque, et l'ancien bourreau de Paris pleure et gémit comme un enfant, comme il pleurait, comme il gémissait le jour où ce père lui dit : Mon fils, au revoir dans un monde meilleur!

Prier, rêver, nous aimer et causer, telles étaient donc nos occupations et nos distractions quotidiennes.

L'histoire du dernier siècle qui vient de s'écouler, et dans laquelle le conflit des passions politiques a taillé une si large part à l'échafaud, servait de texte à nos conversations; mais souvent aussi, et si loin qu'il nous fallut remonter pour cela, nous nous plaisions à jeter un regard en dehors de cet enfer, à parler du temps où les Sanson étaient des hommes.

Mon grand-père nous a raconté que dans un voyage qu'il avait fait à Milan, il avait retrouvé à la bibliothèque Ambroisienne de vieux parchemins dans lesquels un Sanson, sénéchal du duc de Normandie, Robert le Magnifique, plus connu sous le nom de Robert le Diable, figurait comme s'étant croisé pour la terre sainte.

Les études historiques et archéologiques occupaient tous les loisirs de mon aïeul; il nous disait que tous les anciens chroniqueurs qu'il avait compulsés, Villehardouin, Guy, archevêque de Tyr, Martial d'Auvergne, Rigaud et le sire de Joinville, désignaient des Sanson comme chevaliers bannerets des ducs de Normandie; qu'ils avaient pris part, non-seulement aux croisades, mais à la conquête de l'Angleterre, mais aux expéditions de Robert Guiscard et de ses fils, lorsque ces héroïques aventuriers neustriens, partis pour secourir le pape contre les incursions des Sarrasins, fondèrent les principautés et les royaumes de l'Italie méridionale.

Ceci est la légende, et bien qu'il ne soit pas de famille, je dirai même qu'il ne soit pas de peuple qui explique les mystères de son origine autrement que par l'hypothèse et les conjectures, j'ai hâte d'en sortir pour rentrer dans le domaine de la réalité.

Au quinzième siècle ma famille est établie à Abbeville. Elle tient une place honorable dans l'histoire de cette ville, jusqu'au jour où l'un de ses membres la fait descendre tout à coup au dernier degré de l'échelle sociale.

Si j'acceptais comme exactes les suppositions de mon grand-père, il faudrait avouer que lorsque nous retrouvons les Sanson installés dans la cité picarde, ils sont quelque peu déchus de leur antique splendeur.

Ils n'ont plus part aux honneurs d'une cour ducale, ils font partie de cette haute bourgeoisie pourvue de fiefs, qui servait de trait d'union entre les gentilshommes et le tiers état, qui avait comme les premiers le privilége de servir le prince en qualité d'officiers, qui absorbait aux dépens du second les dignités et les honneurs municipaux.

Ce fut ainsi que plusieurs Sanson se succédèrent dans l'échevinage de la capitale du comté de Ponthieu.

Un des membres de cette famille servit Henri IV dans toutes ses guerres et fut grièvement blessé à Fontaine-Française, où le Béarnais faillit lui-même être pris et tué par un gros de cavalerie espagnole. Lorsque la paix de Vervins eut mis fin à la guerre civile et étrangère qui désolait le royaume, ce brave compagnon du grand Henri revint dans sa ville natale, et y passa ses derniers jours entouré de l'estime et de la vénération de ses concitoyens; il y mourut le 31 mai 1593.

Son petit-fils fut un des hommes les plus remarquables de la première moitié du dix-septième siècle : il se nommait Nicolas Sanson; il fut le père de la géographie moderne.

Né en 1600, ce savant illustre avait déjà une réputation européenne, lorsque le cardinal de Richelieu, qui n'avait garde de laisser dans une ville de province un homme capable de le seconder dans ses vastes desseins de colonisation transatlantique, lui assigna une pension convenable et l'honora de son affection toute particulière.

Plaire au tout-puissant ministre était le

moyen le plus sûr de conquérir les bonnes grâces du fantôme royal, au nom duquel ce puissant génie gouvernait. D'autres raisons recommandaient encore Nicolas Sanson à l'attention du monarque.

L'histoire a jugé Louis XIII. En confondant l'homme avec le souverain, elle les a enveloppés tous les deux dans la même accusation de nullité.

Rien n'est moins exact.

Le fils de Henri IV aimait les arts et les lettres, il était très-passable musicien, il raisonnait avec beaucoup de finesse et de goût sur la peinture ; enfin, son érudition était assez remarquable à une époque où l'ignorance n'avait point cessé d'être traditionnelle dans les classes les plus élevées.

Il ne tarda pas à apprécier le mérite du géographe que son ministre lui avait donné, et Nicolas Sanson reçut de nombreux témoignages de la faveur royale.

Les séductions de la cour, les relations du savant avec les plus illustres personnages du temps, retenaient très-souvent Nicolas Sanson à Paris, et cependant il n'y avait pas fixé sa résidence.

Le besoin du recueillement et de la solitude, l'attraction du foyer paternel, le ramenaient sans cesse à Abbeville, où il passait la plus grande partie de l'année.

En 1638, lorsque Louis XIII fit son entrée à Abbeville, il déclina l'offre d'un logis digne de la majesté royale, et, malgré l'insistance des magistrats, il voulut aller demander l'hospitalité à son géographe.

Un roi de France, un Bourbon, dormit deux nuits sous l'humble toit d'une famille dont un descendant devait un jour, au nom d'une loi barbare et sacrilége, porter la main sur un autre Bourbon, sur un autre roi de France....

Singuliers jeux que les jeux du sort!

Charles Sanson, qui devint la souche du misérable rameau dont je suis le dernier rejeton, était, selon toute tradition, issu de la même race que Nicolas Sanson.

J'en ai maintenant fini avec ceux de mes aïeux qui furent des citoyens. Place à ceux qu'on a appelés bourreaux!

II

CHARLES SANSON DE LONGVAL

Le souvenir, l'espérance sont les plus précieux des dons que l'homme ait reçus de la Divinité.

Livré incessamment à la poursuite d'un bonheur qui toujours lui échappe, doublement tourmenté par cette avidité et par le sentiment de son impuissance, il ne trouve quelque adoucissement à cette éternelle succession de déceptions et d'amertumes, que dans la faculté que possède son imagination de créer les fantômes qu'il a vainement poursuivis dans la vie réelle.

Seuls en ce monde peut-être, nous étions déshérités de ce bienfait; l'horizon manquait devant nous; nous avancions vers des ténèbres.

Pour reposer nos regards, il nous fallait détourner la tête et chercher dans le passé : Dieu ne nous laissait que le souvenir !

Je l'ai déjà écrit, de tous ces souvenirs celui que nous préférions nous transportait vers un temps où notre race n'avait à subir ni tant d'opprobre ni tant d'humiliations; nous trouvions de faibles consolations à approfondir les causes qui avaient précipité notre malheureux aïeul dans cet abîme; et c'est ainsi que, pendant cent soixante-dix-sept ans, Charles Sanson a été le héros de tous les récits que le père faisait à son fils au coin de notre foyer.

Comme s'il eût reculé devant les reproches que sa postérité serait tentée d'adresser à sa mémoire, Charles Sanson prit soin de brûler son portrait avant de mourir.

Inutile précaution ; la tradition a si fidèlement transmis son image à ses descendants qu'il me suffit de fermer les yeux pour que ces traits, que mon père m'a tant de fois dépeints, s'assemblent, prennent une forme, une couleur, et que la sombre figure de l'ancien officier du régiment de la Boissière m'apparaisse, se détachant de la toile, comme si le pinceau-burin de Rembrandt l'y avait esquissée.

On comprendra que tous les accidents de sa vie, que tous les détails de son histoire me soient familiers ; je trouve, en outre, dans les papiers de ma famille de nombreux documents qui le concernent.

Si le but de ces Mémoires n'avait été qu'une spéculation, comme on a bien voulu le supposer, j'avais dans ces documents une mine féconde dont un de nos grands faiseurs modernes eût sans doute fait surgir une de ces épopées romanesques qui conduisent le lecteur au dixième volume sans laisser faiblir l'intérêt.

Mais je n'y ai jamais songé, et j'ai trop de hâte d'arriver à la partie vraiment caractéristique de cet ouvrage, aux révélations que j'ai promises sur quelques-uns de nos grands drames historiques, et spécialement au martyrologe de 1793, pour occuper longtemps mes lecteurs de mes infortunes personnelles.

J'élague de l'histoire de Charles Sanson tout ce qui ne tend pas à expliquer son incroyable résolution, tous les épisodes de son aventureuse existence, qui n'ont qu'un rapport indirect avec l'horrible profession qu'il avait volontairement embrassée.

Les pièces que j'utiliserai sont de deux sortes.

Elles consistent en quelques lettres qui trouveront leur place dans mon récit, et en une espèce de confession dans laquelle mon aïeul a évidemment voulu résumer l'épisode le plus important de sa carrière.

Sans doute, dans les recueillements de la vieillesse, à l'heure des expiations, lorsque les angoisses de l'homme face à face avec sa conscience, préludent aux épouvantes qui rempliront son âme quand tout à l'heure il se trouvera face à face avec Dieu, Charles Sanson se sentit défaillir.

Pendant vingt ans, il avait cheminé impassible dans sa sinistre voie. Son cœur saturé d'amertume avait trouvé une infernale consolation à être devenu cette effroyable parodie du destin que l'on nomme l'exécuteur : l'effroi des hommes l'avait dédommagé de leur haine; il commença alors à entendre résonner les pas de ceux qui marchaient dans ses pas, il jeta derrière lui un regard troublé, il s'aperçut que ceux qui, après lui, ensanglanteraient leurs mains à la poignée de la hache héréditaire, étaient ses enfants; il eut peur, et le bruit des têtes roulant sur l'échafaud troubla son sommeil.

Son fils était pieux et soumis. Né et élevé dans la déplorable condition d'exécuteur, il se courbait sans murmure sous le poids de la destinée qui l'attendait. Mais ce fils aurait à son tour des enfants, et Charles Sanson pressentit qu'ils auraient leur heure d'appréhension et de doute comme lui-même avait eu la sienne : il essaya d'aller au devant des reproches qu'ils pourraient lui adresser à ce moment suprême, et que le respect filial arrêterait peut-être sur leurs lèvres : il ébaucha une sorte de confession où, sans essayer de se justifier, il exposait le rôle que la fatalité et le malheur avaient joué dans sa chute.

Malheureusement, soit que la mort l'ait surpris avant qu'il eût achevé cette œuvre, soit que les déchirements de son âme ne lui aient pas permis d'accomplir la tâche douloureuse qu'il s'était imposée, cette confession est incomplète.

Je dois combler les lacunes qui l'eussent rendue inintelligible, et souder par un récit les événements qu'il laissait inexpliqués.

En face des faits, si importants pour nous, qui doivent se dérouler dans ces pages, en présence de l'indifférence bien légitime du public pour d'aussi humbles malheurs que ceux de ma famille, je vais essayer de mouvementer ma narration, mais sans que la vérité ait à en souffrir. Dans ce que j'ajouterai au manuscrit de Charles Sanson, je resterai le fidèle et scrupuleux interprète des traditions que j'ai recueillies de la bouche de mon père et de mon grand-père et des notes si minutieuses qu'ils m'ont transmises, même dans la prédiction extraordinaire qui annonça, longtemps à l'avance, à mon aïeul le sort auquel il était réservé.

Charles Sanson était né à Abbeville, en 1635.

Il était encore au berceau que déjà son père et sa mère étaient morts.

Il avait un frère, Jean-Baptiste Sanson, né en 1624, et par conséquent de onze ans plus âgé que lui.

Un frère de leur mère, Pierre Brossier, sieur de Limeux, recueillit les deux orphelins. Sa bonté, sa tendresse adoucirent pour eux la tristesse de leur situation. Il avait une fille que l'on appelait Colombe. Il fit à ses deux neveux une part égale à la part de celle-ci, non pas seulement dans les soins dont il les entourait, mais dans sa paternité.

Colombe Brossier et Charles Sanson étaient à peu près du même âge. La douce camaraderie de l'enfance resserra les liens du sang et les prédisposa à une affection réciproque.

L'âge de Jean-Baptiste l'isolait de sa cousine et de son frère. Son oncle le destinait à la robe : pour lui l'étude remplaça les jeux de bonne heure; il commençait à approfondir les austères formules du droit, que les autres balbutiaient encore en échangeant leurs premières tendresses.

Ces tendresses grandirent avec eux, mais elles se modifièrent le jour où ils comprirent qu'ils pouvaient se donner un titre plus doux que celui de frère, que celui de sœur.

Leur amitié devint de l'amour.

Cet amour, ni Pierre Brossier, ni Jean-Baptiste Sanson ne l'avaient vu naître; ni l'un ni l'autre ne s'aperçut qu'il devenait de la passion.

Pour eux, Colombe et Charles étaient toujours des enfants : ils mesuraient les sentiments que manifestaient les deux jeunes gens l'un pour l'autre, à l'âge qu'ils aimaient à leur supposer encore.

Cependant, un dimanche, après le repas toujours un peu solennel, qui séparait la messe des vêpres, Pierre Brossier annonça à sa fille que, la veille, il avait traité de la charge de conseiller au présidial d'Abbeville pour Jean-Baptiste.

Colombe et Charles ouvraient la bouche

pour féliciter le nouveau conseiller, mais Pierre Brossier leur indiqua d'un signe qu'il n'avait point fini, et il ajouta que, pour prendre possession de sa charge, il lui semblait nécessaire que Jean-Baptiste fût marié.

Pierre Brossier considérait la femme comme la pièce angulaire de toutes les gravités sociales.

Sans s'être communiqué leurs impressions, les deux jeunes gens se jetèrent ce regard pantelant de deux pauvres gazelles que le plomb du chasseur a frappées à mort en même temps : un sinistre pressentiment les glaçait d'épouvante, ils tremblaient d'entendre la conclusion du vieillard, et les pauses que celui-ci mettait entre chacune de ses paroles leur paraissaient autant de siècles.

Quant à Jean-Baptiste qui, depuis que son oncle avait pris la parole, promenait la pointe d'un couteau entre ses dents, il baissait modestement les yeux, et il était impossible de déterminer si le pli de sa lèvre supérieure était la conséquence d'un agréable sourire ou de l'opération à laquelle il se livrait.

Pierre Brossier continua.

Il ajouta que l'union de sa fille avec *le fils* de sa pauvre sœur, avait été le rêve caressé de toute sa vie, et que le jour où, ayant demandé à Jean-Baptiste quelle femme il lui convenait de choisir, celui-ci lui ayant nommé Colombe, ce jour avait été le plus beau de sa vie.

Il termina en déclarant à ceux qui l'écoutaient, qu'il avait répondu comme il le devait à une semblable ouverture et que les circonstances étant impérieuses, les noces se feraient dans la quinzaine.

Pierre Brossier n'avait point achevé, que la jeune fille avait quitté son siége, et que prétextant une indisposition subite, elle s'était enfuie dans sa chambre, où elle donnait un libre cours aux sanglots qui, pendant un instant, avaient menacé de la suffoquer. Il mit cette disparition soudaine sur le compte de l'émotion, bien naturelle chez une innocente enfant qui, pour la première fois, entend prononcer le mot de mariage.

Peut-être eût-il approfondi ses présomptions s'il eût jeté un seul regard sur le jeune homme muet, anéanti sur sa chaise, comme si la douleur l'eût paralysé, passant et repassant sa main sur son front pâle, comme s'il eût cherché à dissiper quelque horrible cauchemar; mais Pierre Brossier et Jean-Baptiste s'étaient mis incontinent à discuter les conditions du contrat; l'un et l'autre étaient Picards, et si affectueuses que fussent leurs relations, le souci de l'affaire à conclure chassait bien loin d'eux toute autre préoccupation.

Quelques mots échangés avec Colombe, et la fièvre, qui pendant toute la nuit embrasa le sang du jeune homme, rendirent un peu d'énergie à celui-ci.

Le lendemain il guetta l'heure à laquelle son frère sortait d'ordinaire, et il alla trouver son père adoptif, qui digérait son déjeuner au coin du feu de la salle basse où s'apprêtait le dîner. Il se jeta aux genoux du bonhomme, et, avec un accent qui eût touché un saint de pierre, il lui avoua son amour pour sa cousine : et le conjura de ne point séparer ceux que Dieu avait si évidemment destinés l'un à l'autre.

Tandis que Charles parlait, Pierre Brossier

faisait passer sa bière brune, que contenait un pot d'étain, dans sa tasse et il la buvait à petits coups.

Il venait de humer une nouvelle rasade lorsque, perdant tout à coup la gravité qui le caractérisait, il éclata d'un rire si spontané et si violent, que la brune liqueur que contenait sa bouche fut repoussée par le spasme qui soulevait sa large poitrine, et s'en allant plus vite qu'elle n'était entrée, éclaboussa de sa mousse tous les alentours.

A ce rire succéda une quinte de toux qui participait encore de la gaieté qui l'avait causée, mais qui parfois aussi prenait un caractère assez douloureux pour lui arracher un hoquet d'angoisse.

Charles était demeuré tout interdit.

Mais ses sentiments étaient trop passionnés pour rester longtemps comprimés par la stupeur. Il recommença ses doléances, il chercha à attendrir son oncle en lui donnant à entrevoir quelles pouvaient être les conséquences du malheur qui allait se consommer. A son tour, il appela à son aide le souvenir d'une sœur bien-aimée, il évoqua son ombre, et cette ombre intercédait avec lui, non-seulement pour le bonheur, mais pour la vie de son enfant.

Le sieur de Limeux poussait le respect du droit d'ainesse aussi loin que l'eût poussé un sire de Coucy, s'il y eût eu encore des sires de Coucy de son temps.

Ce n'était point un méchant homme, c'était un homme qui avait tout à fait ignoré la passion et qui trouvait très-logique de nier ce qu'il ne connaissait pas. Pour lui, la vie avait son programme, ce programme en prévoyait tous les incidents de quelque importance : il était fermement convaincu qu'il n'appartenait qu'à Dieu d'y apporter quelque modification.

L'insistance de Charles blessait ses sentiments traditionnels; il cessa de rire; il parla à son neveu avec une sévérité à laquelle il ne l'avait pas accoutumé. Il lui dit qu'à son âge et dans sa position, on songeait à se faire un sort en servant le roi et non point à s'enrichir en prenant femme. Il ajouta que, n'eût-il pas résolu de faire épouser sa fille à l'aîné de ses neveux, à celui que la Providence avait destiné à perpétuer sa race, rien en ce monde ne pourrait le décider à la donner à un cadet. Il lui reprocha durement son ingratitude.

Charles se leva en chancelant et sortit de la salle la tête basse.

Il aperçut derrière la porte du corridor une forme de femme accroupie sur les dalles.

C'était Colombe qui avait écouté la conversation de son père et de celui qu'elle aimait, et qui pleurait, le visage caché entre ses mains.

En entendant le pas de son ami, elle ne releva pas la tête; de son côté Charles passa silencieux, abîmé dans son désespoir.

Tous deux avaient compris que tout était fini pour eux en ce monde.

Le jeune homme quitta immédiatement l'asile de son enfance. Il se réfugia chez un parent qui habitait Amiens, et de là il vint à Paris.

Mais à Paris, il se trouva encore trop près de Colombe.

Sans cesse sa pensée franchissait l'espace qui le séparait de la petite maison dans laquelle vivait sa bien-aimée : il la voyait, il l'entendait, elle lui souriait, elle l'appelait. Il savourait en songe toutes les joies qu'il avait perdues, et lorsqu'il sortait de l'idéal pour rentrer dans la réalité, le réveil devenait de plus en plus amer.

Toutes ses promenades avaient le même but. Il sortait de Paris par la porte Montmartre, gagnait, à travers les champs et les vergers, la route de Picardie, et n'avait pas plutôt reconnu les grands arbres que Sully avait fait planter des deux côtés du chemin, qu'il se mettait à courir comme s'il eût aperçu la gracieuse silhouette de son amie à l'extrémité de leur sombre perspective. Tout en courant, il jetait son nom à la brise, il lui adressait les invocations les plus tendres, il joignait les mains et il allait, il allait toujours ; il eût semblé que, se jouant de sa douleur, la capricieuse image se plaisait à s'enfuir à mesure qu'il se rapprochait d'elle, et lorsque, épuisé, haletant, brisé de fatigue, il tombait sur le gazon d'un des bas-côtés de la route, dans un suprême soupir il l'appelait encore.

Lorsqu'il vit approcher le jour fixé pour l'union de Jean-Baptiste et de Colombe, le combat que l'amour livrait dans son cœur au sentiment du devoir, lui faisait craindre la perte de sa raison.

Dans un des moments d'accablement qui succédaient aux crises dans lesquelles son désespoir était poussé jusqu'à son paroxisme, il eut peur.

L'idée du suicide s'était présentée à son cerveau. Ses sentiments religieux se révoltèrent à l'idée qu'un moment de vertige pouvait lui coûter son salut éternel.

Il résolut d'aller au bout du monde, pour se dérober à l'obsession contre laquelle la pensée que Colombe appartenait à un autre, le rendait si faible.

Il supposa que lorsqu'il ne respirerait plus l'air qu'elle respirait, que lorsqu'il ne verrait plus des êtres qui lui rappelleraient ses traits, que lorsqu'il n'entendrait plus de voix parlant la langue harmonieuse qu'elle parlait, alors s'évanouirait le spectre qui ne le quittait ni pendant le jour, ni pendant la nuit : il crut que l'éloignement était l'oubli, et qu'il retrouverait au delà des mers ce cœur qu'il se sentait incapable de lui disputer.

Il résolut donc de s'embarquer.

Sur la production de ses titres, le grand amiral de France, l'admit au nombre des gardes du pavillon des vaisseaux de Sa Majesté; il partit sur-le-champ pour Rochefort, sollicita un ordre d'embarquement et, quelques jours après son arrivée dans cette ville, il mettait à la voile pour le Canada.

Il retrouva à Québec une sœur de son père dont la maison lui fut ouverte.

Mais ni les irrésistibles distractions que le Nouveau-Monde devait offrir à sa jeune imagination, ni le cordial accueil qu'il trouvait chez sa tante, ni l'amitié que son cousin Paul Bertaut lui témoignait avec la naïve expansion de son âge, ne purent modifier la déplorable situation de son cœur.

Les nécessités de la vie du bord l'avaient contraint à renfermer ses douleurs en lui-même; il avait appris à souffrir en silence; son désespoir avait perdu ses exagérations extérieures; mais, concentré, il était devenu plus poignant et surtout plus redoutable.

Au contraire de ce qui se passait sous les

grands ormes de l'avenue de Picardie, au lieu de le fuir, l'image de Colombe le suivait et chaque jour elle lui apparaissait plus radieuse, plus séduisante qu'elle ne l'était la veille.

Rassuré par le parti suprême qu'il avait pris, il se trouvait moins en garde contre lui-même. Il ne croyait pas pouvoir refuser à son malheur la consolation de ces jouissances amères que laisse le souvenir des beaux jours évanouis. Loin de repousser le doux fantôme, il lui tendait les bras. Il fuyait ses jeunes camarades, il cherchait la solitude pour trouver au milieu des harmonies de la brise qui faisait vibrer les cordages, le souvenir de cette voix tant aimée, qui était la sienne. Pendant les longues heures du quart, elle lui tenait compagnie sur le pont; il voyageait avec elle dans le riant pays des songes. Ces heures, tant redoutées des jeunes marins, passaient rapides et charmantes, et il attendait leur retour avec la fiévreuse impatience d'un amant qui va à son premier rendez-vous.

Aussi, après avoir été de la Nouvelle-France aux Antilles, des Antilles à Toulon et de Toulon aux échelles du Levant, l'amour de Charles

Sanson de Longval pour Colombe était-il aussi vivace, aussi puissant que lorsque, pour la première fois, il avait mis le pied sur un vaisseau du roi.

En revenant pour la seconde fois à Toulon, il y trouva une lettre qui l'attendait.

Cette lettre était de Colombe, et Colombe l'appelait sans retard auprès d'elle.

Charles prit à peine le temps de demander un congé, et il partit.

Pendant ce voyage, les suppositions les plus étranges se présentaient à son esprit.

La lettre de Colombe était brève, elle donnait à présumer qu'un grand malheur l'avait frappée, elle ne parlait point à Charles de son frère.

Jean-Baptiste était-il mort?

Si grande que fût la catastrophe dont ce frère avait été le prétexte, jamais Charles n'avait cessé de l'aimer; jamais une pensée de colère ou de haine ne s'était mêlée à son désespoir.

En songeant aux probabilités de ce malheur, son cœur saignait, ses yeux voulaient pleurer, mais leurs larmes rebelles se refusaient à une douleur cependant bien sincère, et il entendait sourdre en dedans de lui-même une voix impie qui raillait son chagrin, et malgré lui entre ses regards et le cadavre de son frère Jean-Baptiste, il voyait apparaître une femme aujourd'hui veuve, aujourd'hui libre, et il sentait le mouvement de ses artères se précipiter.

Une seconde de réflexion suffisait pour dissiper cet éblouissant mirage.

Dût-il la trouver veuve, dût-il la trouver libre, cette femme sacrée pour lui seul en ce monde, il avait perdu le droit de prétendre à sa main, et il songeait avec épouvante qu'après avoir connu l'horreur d'être jaloux d'un frère, il aurait peut-être à connaître la rage d'être jaloux d'un étranger.

Il fallait dans ce temps-là près de cinq semaines pour se rendre de Toulon à Abbeville. Charles marcha jour et nuit et il arriva au bout de douze jours.

Aussitôt qu'il aperçut à l'horizon le clocher de l'église miroitant aux rayons d'un soleil couchant, avec les mille toits de tuiles empourprées qui lui servaient d'assises, il descendit de cheval et il se jeta à genoux.

Il voulait prier et, pour remercier Dieu, il ne trouvait qu'un seul nom à prononcer.

En avançant vers le faubourg, il retrouvait les arbres, les buissons, les fleurs qui avaient souri aux jeux de son enfance, la vieille croix de pierre qui étendait ses bras à l'angle du carrefour; il lui semblait que tous ils se penchaient vers lui, et que, dans la voix du pinson gazouillant dans l'aubépine, ils lui souhaitaient la bienvenue.

Son cœur battait avec tant de violence, qu'il craignait de voir se briser les parois de sa poitrine avant d'achever les quelques pas qui le séparaient encore de Colombe.

En tournant l'angle d'une rue, il se trouva devant la maison de Pierre Brossier, avec son toit pointu, ses fenêtres découpées en ogives, et sa façade blanche zébrée de solives noirâtres.

Il interrogea de l'œil toutes les ouvertures: Colombe ne devait-elle pas l'attendre, anxieuse sur la porte?

Lorsqu'il se fut approché, son cœur se serra. Cette maisonnette qui participait jadis de la physionomie sérieuse, mais calme et sereine de son propriétaire, avait pris des aspects mornes et funèbres.

Les murs que jadis on récrépissait si soigneusement tous les ans, étaient sillonnés de longues lézardes et montraient çà et là des crevasses béantes. La mousse rongeait le toit; nombre de carreaux manquaient à leurs losanges de plomb, et l'herbe poussait dru, verdoyante entre les pierres du seuil disjoint.

Le jeune marin souleva d'une main tremblante le lourd marteau de la porte. Les ais vermoulus résonnèrent dans le corridor avec mille murmures, mais personne ne vint. Rien ne lui répondit.

A l'intérieur, tout paraissait dormir de ce sommeil dont on dort dans les nécropoles.

Un voisin vint à lui, le reconnut et lui apprit que la fille et le gendre de Pierre Brossier n'habitaient plus leur maison de la place Saint-Jean, qu'ils demeuraient depuis un an dans le faubourg d'Amiens.

Charles ne songea pas à le remercier, il réfléchissait qu'il avait passé bien près de cette Colombe tant aimée et que rien en lui-même ne lui avait dit : elle est là !

Il revint sur ses pas la tête baissée.

On lui indiqua la nouvelle habitation de son frère. L'extérieur de cette habitation était modeste, presque pauvre, et Charles commença à deviner quel était le malheur que la lettre de Colombe lui donnait à pressentir.

Il heurta ; une voix qui fit passer un frisson dans ses chairs lui cria : Entrez. Mais il demeurait devant cette porte, immobile comme une statue de pierre.

Ce bonheur de la revoir qui depuis trois années était le vœu exprimé par chacun de ses soupirs, soulevait en lui, à cette heure, un sentiment qui ressemblait à de l'effroi.

On entendit à l'intérieur un bruit de pas qui effleuraient le carreau, la porte roula doucement sur ses gonds, une silhouette de femme se montra dans le pénombre. Cette femme poussa un grand cri, et elle tomba dans les bras de Charles

C'était Colombe, un peu pâlie, mais toujours charmante.

C'était Colombe qu'il retrouvait aussi tendre qu'elle l'était alors que son cousin semblait devoir à jamais être l'unique objet de sa tendresse.

La pensée de la jeune femme se reporta sans doute du présent au passé, car après s'être abandonnée sans réserve à l'élan qui l'avait jetée dans les bras de Charles, elle se rejeta tout à coup en arrière et fit un effort pour s'arracher à l'étreinte qui la retenait sur le cœur de son ami.

Toute rougissante, elle prit la main du marin, l'entraîna dans la maison, et l'arrêta devant un homme qui paraissait sommeiller étendu dans un large fauteuil.

Le visage de cet homme était sillonné de cicatrices si profondes, si nombreuses qu'elles le défiguraient. Son attitude aussi bien que ses stigmates accusaient de récentes et violentes souffrances ; lorsqu'il souleva ses paupières, il découvrit deux prunelles atones, fixes, sans regard, horribles à voir.

Dans ce spectre de son frère, Charles avait peine à retrouver Jean-Baptiste.

Il regarda Colombe, elle pleurait agenouillée à quelques pas de là.

Alors, ne doutant plus, en proie à une déchirante émotion, il s'élança vers le compagnon de son enfance, couvrit de ses baisers et de ses larmes les traces de cruelles blessures, et d'une voix inarticulée, il murmura des mots confus, parmi lesquels on distinguait celui de pardon.

Peut-être en ce moment les pensées qui depuis trois ans agitaient son âme lui apparaissaient-elles comme des crimes.

Enfin, lorsque tous les trois, ils eurent retrouvé un peu de calme, Charles et Colombe s'assirent auprès de Jean-Baptiste, et ce fut celui-ci qui raconta sa triste histoire.

Six mois après le départ de Charles, Pierre Brossier était mort, et il semblait que ce premier malheur eût ouvert la porte à tous les autres.

Le fief de Limeux qui constituait toute la fortune de Colombe avait été revendiqué par le seigneur dont il relevait, en s'appuyant sur une ancienne constitution viagère.

Les titres de Pierre Brossier n'étaient pas en règle ; mais, attaqué sur le terrain de la chicane, le conseiller au présidial avait accepté la lutte avec ces mêmes dédains que l'homme d'épée aurait eus pour lui s'il s'était agi de combattre en champ clos. Il avait plaidé, mais contre toutes ses présomptions il avait perdu son procès, et non-seulement il avait été dépouillé du fief de Limeux, mais il avait fallu vendre la petite maison de la place pour payer les frais mis à sa charge.

Jean-Baptiste ne résista pas à d'aussi cruelles déceptions. Quelque temps après sa mort, la faillite d'un de ses amis, marchand de toiles à Amiens, à qui Charles avait confié de l'argent, réduisit le patrimoine de ce dernier à un seul domaine dont le revenu était à peine suffisant pour le faire vivre.

Sous l'impression de ces infortunes, reparurent d'anciens accidents nerveux qui avaient affligé son enfance, mais dont il se croyait guéri.

Un jour que sa femme, en sortant, l'avait

laissé au coin du feu, il fut pris d'un terrible accès d'épilepsie; il tomba de sa chaise dans le foyer, et si malheureusement que, lorsque la servante accourue au bruit le releva, non-seulement son visage était couvert des horribles brûlures dont on voyait les traces, mais ces brûlures avaient encore anéanti les organes de la vue : il était aveugle.

C'était alors qu'ayant vendu sa charge, il s'était réfugié avec sa femme dans cette petite maison du faubourg.

En terminant son lamentable récit Jean-Baptiste exalta avec une vive émotion, la tendresse et le dévouement de Colombe, aux soins de laquelle il devait, disait-il, d'avoir survécu.

Charles regarda la jeune femme : elle avait pâli, elle évitait de lever les yeux, et il crut s'apercevoir que sa main qui promenait l'aiguille dans une broderie tremblait légèrement.

Il s'approcha d'elle et d'une voix qu'il s'efforçait d'affermir :

— Sœur, lui dit-il en appuyant sur ce mot.

voulez-vous que désormais nous soyons deux à veiller sur lui ?

Un sourire d'orgueil passa sur les lèvres de Colombe.

— Je n'attendais pas moins de vous, mon frère, répondit-elle, et c'est parce que je désirais qu'il en fût ainsi que je vous ai appelé.

Tous deux croyaient évidemment qu'il suffisait de deux noms échangés pour effacer toute trace du sentiment qui, pendant si longtemps, avait sans partage régné sur leurs cœurs.

Charles renonça donc à sa carrière. Il apporta dans la maison le revenu de son fief de Longval ; il y fit rentrer ainsi une aisance dont le pauvre infirme avait si grand besoin. Dans les soins à donner à son frère, il luttait de zèle avec Colombe, et ses causeries, les récits de ses voyages ne contribuaient pas peu à adoucir l'affreuse monotonie de l'existence de l'aveugle.

Ce dévouement pénétrait Jean-Baptiste d'une reconnaissance qu'il ne laissait jamais échapper l'occasion de témoigner. Lorsqu'il était seul avec sa femme, le noble caractère, l'élévation des sentiments de son Charles devenaient le texte de sa conversation ; lorsqu'il se trouvait seul avec celui-ci, il se plaisait à comparer Colombe aux anges du bon Dieu.

Pierre Brossier n'avait probablement point instruit Jean-Baptiste des causes réelles du départ de Charles, ou, s'il lui en avait parlé, l'ex-conseiller qui partageait les façons de voir de son tuteur, ne se doutait pas que cet enfantillage eût eu des suites, car sans cesse priant Charles de distraire Colombe en la conduisant à la promenade ou de l'accompagner aux offices, il provoquait toutes les occasions qui devaient les rapprocher l'un de l'autre.

Colombe, de son côté, était assez chaste pour ne pas soupçonner le danger auquel elle s'exposait. Loin de fuir ces dangereux tête-à-tête, elle ne semblait jamais plus heureuse que lorsqu'elle sortait seule avec son beau-frère.

Cependant, elle ne tarda point à s'apercevoir que l'ex-marin devenait triste et rêveur. Elle s'en alarma, elle en parla à son mari.

Jean-Baptiste poussa un gros soupir. Avec

cet égoïsme inhérent à toutes les souffrances humaines, il se préoccupait avant tout de ce qui intéressait sa santé. La présence de Charles avait tellement amélioré son état, qu'il n'envisageait pas sans terreur la pensée d'un nouveau départ. Il répondit qu'il n'était point extraordinaire qu'un jeune officier, habitué à courir le monde, s'ennuyât dans la plus triste maison d'une triste petite ville ; qu'elle devait faire tout ce qui dépendrait d'elle pour que cet ennui ne le déterminât pas à les quitter.

Le soir même, Colombe proposa une petite excursion dans la campagne à son beau-frère ; Jean-Baptiste, dont la matinée avait été mauvaise, prétexta le besoin de sommeil, et réunit ses instances à celles de sa femme.

Ils prirent le chemin par lequel Charles était arrivé, et suivirent ensuite un étroit sentier, encaissé entre deux murailles d'épis.

Il était cette heure douteuse et charmante où le soleil, abaissé sur l'horizon, envoie à la terre, comme un baiser d'adieu, le plus chaud et le plus éclatant de ses rayons ; l'horizon s'empourprait de ses feux. La brise de mer soulevait les moissons en nappes fauves et les faisait doucement onduler. Les oiseaux se taisaient dans les sillons, et le cri monotone de la cigale troublait seul la majestueuse solennité de ce silence.

Charles et Colombe marchaient côte à côte. Le bras de la jeune femme reposait sur le bras de son ami; avec un innocent abandon, elle appuyait sa tête sur l'épaule de son compagnon, et ses longs cheveux bouclés, tourmentés par le vent, venaient caresser le visage de celui-ci de leurs mèches soyeuses.

Colombe paraissait aussi calme que la nature qui les entourait, à cette heure où commençait pour elle le repos. Elle ne paraissait songer qu'à dissiper les nuages amoncelés sur le front de son frère, et pour y parvenir elle n'avait trouvé rien de mieux que de lui rappeler les scènes les plus aimables de leur tendresse enfantine.

Mais Charles devenait de plus en plus sombre, son agitation devenait étrange. Tantôt il marchait rapidement comme s'il eût voulu entraîner sa compagne dans une solitude plus grande encore que celle dans laquelle ils se trouvaient ; tantôt il s'arrêtait : il semblait vouloir retourner en arrière, et Colombe le sentait frissonner.

— Charles, lui dit celle-ci, est-il vrai, comme le prétend Jean-Baptiste, que tu regrettes ta vie d'aventures?

Charles ne répondit pas.

— Charles, reprit-elle, n'es-tu donc plus heureux entre le frère qui t'est si cher et la sœur...

Ce dernier mot expira sur les lèvres de Colombe, elle n'osait continuer; Charles demeurait toujours silencieux.

Un pressentiment de ce qui devait se passer dans l'âme du compagnon de son enfance traversa tout à coup l'esprit de Colombe : elle tressaillit comme si elle se fût éveillée d'un songe.

— Charles, Charles, murmura-t-elle d'une voix haletante d'émotion, Dieu a voulu que nous restions à jamais frère et sœur. Respectons sa volonté, ami, et n'ayons pas un soupir de regret pour les rêves de notre enfance.

La sainte affection qui nous unit ne sauraitelle donc suffire au bonheur ; voudrais-tu te montrer ingrat envers la Providence, qui a permis que je puisse encore t'aimer sans crime ?

En parlant ainsi, Colombe avait relevé la tête pour présenter son front à son compagnon. Celui-ci s'était penché vers elle ; mais, au lieu du front de la jeune femme, ce furent les lèvres de celle-ci que sa bouche rencontra.

Pendant une seconde ils restèrent abîmés dans une extase qui leur faisait oublier et le ciel et la terre.

Mais Charles revint à lui. Il leva le poing vers la voûte céleste, il proféra un blasphème, et s'enfuit éperdu à travers champs.

Colombe rentra seule à la maison.

Le surlendemain, Jean-Baptiste reçut une lettre de son frère qui lui annonçait sa résolution de quitter Abbeville, et le priait de lui pardonner s'il n'avait pas eu le courage de lui apprendre sa détermination de vive voix.

Quelque temps après, il acheta une lieutenance au régiment de la Boissière.

Il n'avait pas voulu reprendre la mer : il

comprenait que si le devoir exigeait qu'il s'éloignât, il ne lui commandait pas moins de veiller sur les êtres chéris dont il restait le seul appui.

Jean-Baptiste accusa son frère d'ingratitude. Quant à Colombe, jamais, depuis cette époque, on ne la vit sourire.

III

L'HOROSCOPE

En l'année 1662, la ville de Dieppe ne soupçonnait guère la transformation que l'hygiène et la thérapeutique modernes, secondées par les prédilections et le patronage d'une auguste princesse, lui ménageaient dans l'avenir.

C'était une cité exclusivement commerçante. Ses hardis matelots avaient livré son pavillon aux brises de toutes les mers, ses pêcheurs le disputaient en activité aux pêcheurs de Saint-Malo, ses corsaires luttaient d'audace avec les corsaires de Bayonne, cette mère patrie de la flibuste; Dieppe avait conquis la célébrité, mais l'élégance n'entrait certainement pas dans sa renommée.

Dans ses ruelles étroites, sombres, garnies de deux rangs de maisons à toits aigus, dont le premier étage surplombait le pavé ou plutôt le caillou du roi, on ne respirait alors que les senteurs pénétrantes du goudron, que l'odeur âcre et quelque peu nauséabonde du poisson salé; on ne rencontrait que quelques bourgeois affairés, des ouvriers des corporations maritimes, des matelots, et de loin en loin une belle Dieppoise, portant sur sa tête une corbeille pleine du butin de la nuit, que soutenaient deux bras blancs arrondis comme les anses d'une amphore d'albâtre et qui semblait chargée de jeter un peu de lumière dans ce tableau.

Nécessairement, à cette époque, les hôtelleries de la ville de Dieppe, étaient loin de ressembler aux luxueux palais, aujourd'hui chargés de ménager une confortable hospitalité aux étrangers qui viennent chercher la santé dans les eaux bienfaisantes de sa plage.

L'*Ancre dérapée*, l'auberge la plus célèbre de la cité, participait à cette physionomie utilitaire et modeste de la ville.

Elle était située à l'angle que font les rues de la Poissonnerie et de l'Épée en se croisant.

Un jeune pin fiché horizontalement dans la muraille, une grossière enseigne représentant une ancre suspendue aux flancs d'un navire, l'annonçaient de loin au voyageur. Elle s'ouvrait sous un porche soutenue par de grossières colonnes, épaves de quelque naufrage et qui formaient une espèce d'auvent où les marins en relâche cherchaient ordinairement un refuge contre la pluie. Un large couloir conduisait à la fois au rez-de-chaussée et dans une cour intérieure. A droite se trouvait la vaste cuisine, à gauche une salle commune. Un escalier extérieur conduisait de la cour aux chambres du premier étage, qui toutes avaient leurs entrées sur une galerie quadrangulaire et découverte, tournant autour du bâtiment.

Cette construction était d'une apparence primitive ; elle ne faisait pas plus d'honneur aux ouvriers qui en avaient taillé les charpentes et aligné les pierres, qu'à l'architecte qui en avait distribué les aménagements, et cependant l'*Ancre dérapée* possédait le privilége d'héberger non-seulement les capitaines marins, mais les seigneurs des environs et les officiers du régiment de la Boissière, qui tenait alors garnison à Dieppe.

Un soir du mois de février de cette année 1662, la grande salle de l'*Ancre dérapée* retentissait de refrains et d'éclats de rire, mêlés au cliquetis des verres entrechoqués.

Il était tard et le tapage était si grand, que maint Dieppois attardé et regagnant son logis, précédé d'une servante portant le fallot traditionnel, levait le nez, en passant, vers l'étroite fenêtre qui flamboyait dans l'obscurité comme un soupirail de l'enfer. Au vacarme qui faisait vibrer les carreaux dans leurs losanges de plomb, il supposait que tous les mauvais sujets de la ville se trouvaient ce soir là réunis à l'*Ancre dérapée*, et il doublait le pas, non sans avoir envoyé mentalement les perturbateurs du repos public à tous les diables, avec la charitable indulgence de l'homme pour des plaisirs qu'il ne partage pas.

Ce sera dans cette salle que je demanderai à mes lecteurs, la permission de les conduire.

Les hôtes de maître Baudrillart, propriétaire et cuisinier de l'*Ancre dérapée*, se trouvaient en réalité bien moins nombreux que ne le supposait l'imagination des passants.

Il n'y avait pas plus de trois convives autour de la longue table de chêne aux pieds tournés en spirales, qui constituait le meuble principal de la vaste pièce. Il est vrai que cette table était chargée d'un tel amas de victuailles, d'une si jolie collection de flacons de toutes les formes et de toutes les dimensions, qu'il devenait probable qu'ayant bu et mangé comme s'ils eussent été six, les trois hôtes de maître Baudrillart pouvaient s'arroger le droit de faire du bruit comme douze.

Aux trois épées suspendues à quelques clous des murailles, aussi bien qu'aux costumes des propriétaires de ces épées, il devenait évident qu'ils appartenaient tous les trois aux catégories d'habitués illustres que j'énumérais tout à l'heure.

Deux de ces individus étaient jeunes; le troisième touchait à cet âge où, à défaut de la raison, la santé commande la sagesse, et cependant, s'il fallait se fier aux apparences, c'était lui qui était le boute-en-train du trio.

C'était un homme qui avait dépassé la quarantaine; il était grand, maigre, osseux. Sa physionomie accentuée, presque anguleuse, témoignait de son origine méridionale aussi bien que le nom de chevalier de Blignac que lui donnaient ses compagnons. Toutes les convoitises, toutes les audaces du Gascon se traduisaient sur cette physionomie. Ses yeux, profondément encaissés dans leurs orbites, mais singulièrement vifs allaient au delà de la finesse typique de ses compatriotes: ils exprimaient la ruse et l'astuce. Le caractère principal de ce visage était l'étrange dissonnance que l'on remarquait entre ses parties supérieure et inférieure. Le regard de M. de Blignac s'épanouissait bien sous la double influence de la gaieté et de la boisson, mais il avait beau montrer ses dents courtes, aiguës, comme les dents d'un chat, il ne parvenait pas à communiquer le sourire à ses lèvres minces dont les extrémités s'abaissaient fortement vers le menton. Aussi, malgré la régularité des lignes, malgré le pli vainqueur d'une moustache dont les pointes effilées montaient jusqu'aux sourcils, ce défaut d'harmonie donnait-il une expression assez sinistre à la personne du gentilhomme.

M. de Blignac portait les couleurs du régiment de la Boissière.

Le second des convives n'avait pas plus de vingt ans. Il était vêtu avec une grande recherche. L'étoffe et la coupe de ses habits, la profusion de rubans dont ils étaient chamarrés constituaient une élégance que l'on rencontrait très-rarement loin de la cour.

Sous ces dehors de petit-maître, ce jeune homme conservait tout l'entrain, tout le naïf abandon de la jeunesse. Son langage, ses manières étaient dépourvues de la prétentieuse afféterie des raffinés de la mode de ce temps-là. Sa physionomie restait simple dans la traduction de tous ses sentiments. Il jouissait de plaisirs, peut-être nouveaux pour lui, avec l'emportement de son âge; plus échauffé encore par le bruit que par le vin qu'il avait bu, il luttait avec M. de Blignac de cris, de rires, de quolibets; il répétait avec enthousiasme tous les refrains qu'entonnait le vieux soudard, et il suffisait de les observer pendant un instant pour se convaincre que ces messieurs étaient pour plus de leur part dans le vacarme qui avait scandalisé les vertueux bourgeois de la ville de Dieppe.

Le troisième compagnon ne semblait pas être d'une humeur aussi démonstrative que les deux premiers.

C'était un homme de vingt-cinq à trente ans, à la physionomie mâle et sévère. Avant de remarquer la beauté caractéristique de ses traits, on s'était déjà étonné de la nuance de mélancolie que conservait son visage au milieu des joies les plus bruyantes, on s'était demandé quels chagrins, quelles douleurs prématurées avaient sillonné son jeune front de tant de rides. Comme

M. de Blignac, il faisait partie du régiment de la Boissière. Sa stature ne le cédait en rien à celle de son collègue; mais cette stature avait les proportions de force qui manquaient à ce dernier; dans la largeur des épaules, dans la profondeur de la poitrine, dans ce que l'on apercevait des développements musculaires du jeune officier, aussi bien qu'à la chevelure d'un blond cendré qui tombait des deux côtés de sa tête, aussi bien que dans les transparances nacrées de son teint, on reconnaissait les signes indélébiles que les races du Nord ont transmis à leurs descendants.

Bien qu'il fît honneur à toutes les rasades que lui versait M. de Blignac, qui s'était attribué le rôle d'échanson, il avait conservé tout son sang-froid, et sa gaîté était loin d'atteindre les proportions démonstratives qu'elle affectait chez le plus vieux et chez le plus jeune de ses deux camarades de table. S'il lui arrivait de sourire, c'était aux élans de la joyeuse ivresse de l'adolescent : c'était en contemplant le charmant visage de celui-ci empourpré par la fièvre du plaisir; alors il quittait la table et il l'embrassait avec une tendresse que l'on trouverait étrange aujourd'hui, mais qu'autorisaient les habitudes de l'époque.

M. de Blignac venait de déboucher une nouvelle bouteille; il remplit son verre, il fit chatoyer le rubis dans sa prison de cristal, en l'élevant et en l'abaissant devant les lumières, puis il commença à le déguster dans la méditation extatique d'un connaisseur.

L'officier blond que la verveuse loquacité de son collègue semblait impatienter depuis quelques instants, mit à profit le répit que lui faisaient ces graves préoccupations, il se pencha vers le jeune homme :

— Ainsi, Paul, lui dit-il, ce sera dans un an seulement que tu retourneras à la Nouvelle-France ?

— Oui, répondit celui qu'il venait de nommer Paul, et cette année tout entière, je la passerai près de toi, mon bon Charles.

— Elle nous semblera bien courte, mais elle paraîtra bien longue à ta mère, cher enfant.

— Décidément le bonheur rend égoïste, Charles : mon cœur est si plein de cette pensée, que je suis enfin dans ma patrie, dans la vraie, dans la seule qu'on puisse aimer : je suis si heureux de te revoir, que je ne songe pas, comme je le devrais, à la mère qui là-bas pleure et gémit sur mon absence.

— Pauvre tante !

— Si nécessaire que fût ce voyage, si graves que fussent les intérêts qui le commandaient, elle a longtemps résisté à mes instances. Dieu sait cependant si elles étaient vives, Charles, car dans les solitudes où nous vivons, le beau pays que j'avais quitté si jeune m'apparaissait comme un Paradis, et j'avais peur de mourir avant de l'avoir revu.

— Tu es trop jeune, tu es trop étourdi pour comprendre les angoisses qui déchiraient son cœur, mon cher Paul. De toutes les affections qui l'ont entourée, la tienne n'est-elle pas la seule qui lui reste ? Ah ! si j'avais une mère à aimer, rien au monde ne me déciderait à me séparer d'elle. Lorsqu'on se quitte sur cette terre, sait-on jamais si on se retrouvera ?...

Une vive émotion se peignit sur le visage de l'adolescent, mais M. de Blignac ne lui donna pas le temps de répondre à son interlocuteur.

Cet entretien avait déjà excité l'impatience du digne gentilhomme.

Plusieurs fois il avait fait claquer sa langue contre son palais, autant pour rappeler les convives à l'ordre que pour confirmer l'expérimentation à laquelle il venait de se livrer ; enfin, n'y tenant plus, il s'écria :

— Par la mordieu, mes jeunes amis, il me semble que si vous avez une année à passer ensemble, le temps ne saurait vous manquer pour échanger vos petites confidences, et vous me permettrez de vous faire observer qu'il est malséant, après avoir réclamé l'honneur de ma compagnie, de me laisser dans mon coin avec la physionomie d'une bouteille dont on a extrait tout le jus. C'est à vous que s'adresse ce reproche, lieutenant de Longval, car votre cousin, M. Bertaut, n'oublierait certes pas les égards que l'on se doit entre gentilshommes.

L'officier que M. de Blignac venait de nommer de Longval et de qualifier du titre de lieutenant haussa les épaules.

— Permettez-moi à mon tour, mon cher de Blignac, dit-il, de rétablir l'intégrité de nos situations respectives : il y a quinze jours, M. Paul Bertaut, mon cousin, arrivait d'Amérique, et sans prendre plus que le temps de m'embrasser, il repartait le soir même pour Paris, où il avait à remettre à M. de Mazarin les dépêches du gouverneur du Canada. Aujourd'hui nous sortions vous et moi de la citadelle, lorsque ce même M. Bertaut, descendant de cheval pour tomber dans mes bras, me proposa de venir partager le souper qui l'attendait à *l'Ancre dérapée*; autant qu'il m'en souvient, ce fut vous, mon cher chevalier, qui sollicitâtes l'honneur d'être des nôtres. Il était cependant assez naturel de supposer qu'après une longue séparation nous désirions être seuls. Vous avez pensé autrement, nous ne nous en plaignons pas, mais au moins n'accusez que vous même des inconvénients de votre position.

Un éclair de colère passa dans les yeux du Gascon; d'un geste violent il saisit son verre, mais presque aussitôt et avec une promptitude qui révélait, sous des dehors frivoles, presque grotesques, une certaine puissance de volonté, il réprima l'expression menaçante de sa physionomie, et sa main modifia la résolution commencée, en portant le gobelet à ses lèvres.

Il le vida d'un trait, le reposa sur la table, et il reprit avec la bonhommie railleuse qui lui était familière :

— Et voilà comme on reconnaît les meilleurs sentiments. Sous l'impression de ma profonde amitié pour vous, mon cher de Longval, sous l'influence de la sympathie extraordinaire que, sans le connaître, j'éprouve pour votre jeune cousin, réfléchissant que votre âge, votre inexpérience en la matière, vous prédestinaient à devenir les victimes des maléfices de l'horrible empoisonneur qui a nom Baudrillart, je vous ai demandé la permission de me charger de votre menu, et voici que vous vous plaisez à travestir mes charitables intentions? Par le sang du Christ, lieutenant, n'était notre vieille camaraderie!...

Paul Bertaut se hâta de prendre la parole :

— Vous avez raison, M. de Blignac, s'écria-t-il, et je me considère si humblement comme votre obligé que si vous ne trouvez rien d'indiscret à ma requête, je compte solliciter votre toute-puissante intervention dans les relations que pendant un an j'aurai nécessairement avec le Baudrillart dont il y a tant à se méfier.

L'officier blond fronça le sourcil, mais à cette proposition, le visage du gentilhomme gascon s'épanouit, et il parvint à élargir sa bouche dans une espèce de rictus assez disgracieux.

— N'en déplaise à mon cousin Charles, reprit l'adolescent, j'ajouterai encore, M. le chevalier, que vous êtes intervenu fort à propos. Il était en veine d'humeur sombre et parfaitement en train de me gâter la plus agréable soirée de mon existence.

— Paul!...

— Morbleu! cousin, on voit bien que tu n'arrives pas comme moi du pays des sauvages. Tu ne comprends rien au bonheur d'entendre chanter, jurer, sacrer en français. Depuis quinze jours je suis comme un fou. — En descendant de la barque qui me portait à terre, j'ai sauté au col de la première femme que j'ai rencontrée, et je l'avais embrassée trois fois, lorsque je me suis aperçu qu'elle était vieille et laide.

Charles de Longval, devant cet enthousiasme, ne put s'empêcher de dérider son visage.

— Vous n'avez pas de chance, cher monsieur Bertaut, dit le baron de Blignac ; cordieu, les jolies filles ne sont pas rares dans la bonne ville de Dieppe.

— Vous en parlez, M. le baron, en homme qui compte de nombreuses victimes parmi elles ! A vos amours, M. de Blignac !

M. de Blignac heurta son verre contre le verre de l'amphitryon avec un entrain qui démontrait qu'il ne trouvait à ce toast rien d'insolite.

— Bon, dit l'officier blond à son cousin, si tu mets ce cher de Blignac sur le chapitre de ses conquêtes, il va chercher à nous persuader qu'il est Cupidon déguisé en vieil officier pour échapper à l'embarras des bonnes fortunes !

— Si vous demandiez aux pères et aux maris du faubourg du Pollet, mon cher de Longval, il vous apprendraient que ce que vous appelez un vieil officier est autrement redoutable que certains jeunes gens qui colorent leurs insuccès sous les dehors d'une indifférence à laquelle personne n'est pris.

Un amer sourire glissa sur les lèvres de celui auquel M. de Blignac s'adressait.

— Pouah! votre faubourg de Pollet, s'écria l'adolescent; à ce seul mot je sens une odeur de poisson qui me monte à la gorge et qui m'étrangle. Vrai Dieu, M. le baron, j'eusse assigné un tout autre rang à vos belles amies. — Parlez-moi des dames de la cour, si nobles, si distinguées, si charmantes, avec leurs cols de cygne, leurs bras d'ivoire qui sortent de flots de dentelles, avec leurs tailles souples et sveltes emprisonnées dans le satin et le velours. Ah! je comprends qu'on affronte la damnation éternelle pour ces beautés dont les fiers regards ne semblent consentir qu'à regret à s'abaisser sur de simples mortels comme nous. Je n'ai fait que les entrevoir, mais je n'ai pas cessé d'en rêver.

— Vive Dieu, dit M. de Blignac qui avait approuvé du geste, vous êtes un gentil compère. Pourquoi diable, avec tant de dispositions, ne demandez-vous pas à M. de Mazarin une cornette dans le régiment de la Boissière? Avant un an, si ce huitième sage de la Grèce dont vous êtes le cousin nous faisait la grâce de ne pas traverser mes leçons, j'aurais fait de vous un gentilhomme accompli...

— Merci pour vos charitables intentions, mon cher de Blignac, mais mon cousin est déjà au service.

— Au service? Vous m'assuriez, l'autre jour, que M. Bertaut voyageait à sa fantaisie, sur un navire qui ne relevait que de sa volonté.

— Il est, continua le lieutenant, au service d'un souverain, qui ne commet jamais d'injustice, qui oncques ne s'est montré ingrat, et qui récompense ceux qui se dévouent à ses intérêts dans la juste proportion de leur zèle et de leur mérite.

M. de Blignac poussa un soupir qui signifiait probablement qu'il était loin d'avoir rencontré un maître semblable dans sa carrière.

— Comment nommez-vous ce phénix des rois? demanda-t-il.

— Il s'appelle Coffre-Fort.

A ce mot, les yeux du gentilhomme gascon roulèrent dans leurs orbites et jetèrent des étincelles.

— Je ne vous comprends pas, murmura-t-il.

— Je vais, dit le jeune homme, vous expliquer l'énigme sous laquelle Charles vous expose ma situation. Mon père était un des chefs de la puissante association que l'on nomme la Société de la Nouvelle-France et qui exploite les productions du Canada. Ce père, je l'ai malheureusement perdu, et naturellement j'ai recueilli, avec l'immense fortune qu'il avait acquise, une position qui me permettra de la doubler encore.

M. de Blignac était devenu tout rêveur.

— Mordieu, dit-t-il, d'une voix vibrante, et cette société, n'y a-t-il donc pas moyen à un homme de bonne volonté d'arriver à en faire partie?

Ce visage bistré, que la cupidité empourprait d'une teinte chaude, rayonnait comme une casserole de cuivre rouge, et révélait si crûment l'avidité que ces détails avaient éveillée dans son âme, que Paul Bertaut et son cousin partirent en même temps d'un éclat de rire.

M. de Blignac se mordit les lèvres, et il reprit avec une indifférence affectée :

— Au fait, cette exploitation de la Nouvelle-France, dont vous parliez tout à l'heure, constitue le commerce, et un gentilhomme ne saurait commercer sans déroger. Nous ne sommes pas Bretons, nous autres.

— Bast, mon pauvre de Blignac, dit Charles de Longval, les trois besants en champ d'azur qui sont vos armes, ressemblent aux merlettes qui figurent sur mon écusson, elles ont grand besoin d'être dorées pour reprendre quelque lustre.

— Et au fait, dit le Gascon avec une assurance indiquant que, malgré l'objection qu'il venait de se poser à lui-même, il était loin de considérer l'affaire comme impossible, pourquoi ne partiriez-vous pas avec nous, lieutenant?

— Moi, c'est différent, répondit l'officier, dont la physionomie redevint sombre, je traîne à mon pied un boulet qui m'empêcherait d'enjamber la muraille du navire.

— Allons! s'écria Paul, voici Charles qui va nous entonner un de ses *de profundis*. — Pour la première fois, je vous prends en faute, monsieur de Blignac, nous manquons de vin!

— Baudrillart! holà! Baudrillart! hurla le gentilhomme gascon, avec une spontanéité qui prouvait sa contrition. Hôtelier maudit! Triple drôle, viendras-tu çà, lorsqu'on t'appelle?...

Le chevalier de Blignac n'avait point achevé, que le Baudrillart demandé se montrait à la porte, dans une attitude humble et soumise, démontrant péremptoirement que le vieil officier n'avait pas vanté à tort l'influence qu'il exerçait sur l'hôtelier.

— Baudrillart, approche et salue, continua M. de Blignac; tu as en ce moment l'honneur de posséder dans ta maison un jeune seigneur, plus illustre à lui tout seul que tous les hobereaux de la vicomté, car il est assez riche pour acheter toutes leurs gentilhommeries, si bon lui semble. De plus, il est mon ami. Fais en sorte qu'il trouve chez toi les égards dus à sa qualité; lorsqu'il te demandera du vin, tâche de ne pas lui servir de la piquette, ou sans cela j'enverrai les drôles qui balancent si agréablement un homme sur la couverture, te rendre une visite.

Baudrillart s'inclina avec une expression respectueuse, dictée tout autant par les détails qu'il venait de recevoir sur la fortune de son hôte, que par les menaces de M. de Blignac.

— Et maintenant, ajouta encore ce dernier, apporte-nous quelques flacons d'un nectar supérieur à celui que tu nous a servi.

— Mais, balbutia l'hôtelier, je prendrai la liberté de faire remarquer à M. le baron que ce que j'ai offert à son honorable compagnie, était ce que je possédais de meilleur et...

— Pas d'observation, le vin doit marcher comme la gaîté, *crescendo,* ainsi que disent nos voisins les Italiens. Du vin et des cartes.

— Des cartes, pourquoi donc? demanda M. Charles de Longval.

— Finir une soirée comme celle-là, sans un tour de lansquenet, mais nous serions déshonorés, mon cher; et pour un homme qui a eu tour à tour l'honneur d'appartenir au corps des enseignes des vaisseaux de Sa Majesté, et au régiment de la Boissière, je ne vous comprends guère.

— Comme il vous plaira, mon cher de Blignac, répondit le lieutenant ; mais un lansquenet à deux, je crois que ce sera un peu tiède.

— A deux ?

— Vous avez oublié que je ne joue jamais, mon cher chevalier.

— C'est vrai, mordieu ! votre boulet sans doute ! Que le diable vous emporte, vous avez manqué votre vocation, mon ami, un froc vous irait mieux que la casaque.

—Peut-être l'endosserai-je un jour pour vous plaire, chevalier ; mais cette perspective ne vous donnera pas un tiers pour votre lansquenet.

— Maugrebleu ! il faudra bien que je le découvre. Eh ! Baudrillart, tu dois posséder dans ton auberge un voyageur possesseur de quelques pistoles à échanger contre les nôtres, va le quérir, et, s'il se plaint d'avoir été réveillé, tu mettras son ennui sur ta note ; mon illustre ami M. Bertaut ne marchande jamais.

Maître Baudrillart hésitait.

En ce moment des coups violents ébranlèrent la porte de l'auberge.

— Mordieu ! reprit le chevalier de Blignac, le hasard est plus intelligent que toi, Baudrillart, car voici qu'il nous envoie celui qui nous est nécessaire. Va au devant du voyageur qui t'arrive, et, quel qu'il soit, introduis-le auprès de nous.

L'aubergiste obéit et quelques instants après un homme, drapé jusqu'aux yeux dans un grand manteau de drap rougeâtre, s'arrêta sur le seuil de la salle.

En apercevant les trois gentilshommes il hésitait à aller plus loin.

Mais M. de Blignac lui désignait d'un geste si gracieux les plats qui étaient demeurés sur la table, et le feu qui flambait joyeusement dans la large cheminée, que l'étranger se décida à pénétrer dans la pièce, et s'approcha du foyer en s'inclinant profondément devant ceux qui lui en faisaient si cordialement les honneurs.

Il se débarrassa de son balandras, trempé de pluie, et le Gascon, qui ne perdait pas son temps à établir le signalement du nouveau venu, remarqua tout de suite qu'il portait à sa ceinture, à côté d'une rapière de formidable apparence, une bourse de cuir agréablement rebondie et dont, à chaque mouvement de son propriétaire, sortait une musique argentine des plus agréables à entendre.

M. de Blignac cligna amoureusement ses paupières, comme le fait un chat qui sent une souris sous chacune de ses pattes.

L'étranger était presque un vieillard.

Sa barbe qu'il portait longue, ses cheveux crépus, taillés ras, et accusant les cinq pointes d'un front peu élevé mais fortement développé dans sa largeur, étaient de cette nuance grisâtre à laquelle le jeu des lumières donne parfois des reflets métalliques.

Sa stature était médiocre. Le léger embonpoint auquel les hommes de cinquante ans échappent si rarement commençait à en épaissir les contours; cependant, aux puissantes attaches de son cou, à l'ampleur des épaules et de la poitrine, à la vivacité de sa démarche, à la fermeté avec laquelle ses jambes musculeuses s'appuyaient sur le sol, on apercevait qu'il avait conservé toute la vigueur de la jeunesse.

Son costume se rapprochait beaucoup de celui d'un soldat : il consistait en un pourpoint de drap d'un rouge sombre sur lequel était passée une casaque de buffle sans manches et qui lui couvrait la poitrine. Un haut de chausses de la même étoffe que le pourpoint se perdait dans une paire de ces jambières de cuir, s'ouvrant sur le côté, couvrant la jambe depuis le genou jusqu'au soulier, et par lesquelles, les Normands d'aujourd'hui remplacent encore les bottes de cheval.

L'attitude de l'étranger dénotait un embarras qui formait un singulier contraste avec la rudesse presque sauvage de sa physionomie.

Debout devant l'âtre, il réchauffait ses larges mains, et ses regards demeuraient fixes et baissés, comme si le jeu fantasque des ardentes spirales, ou le crépitement des branches se tordant dans le brasier, eussent absorbé toute son attention.

Une ou deux fois seulement il avait levé les yeux, et Paul Bertaut avait été frappé de leur expression farouche.

Bien que le visage de l'étranger fût calme, ses yeux étincelaient sous leurs épais et grisonnants sourcils ; ils jetaient des éclairs semblables à ceux de la lame d'une épée qui siffle dans l'air avant de s'abattre, et, comme le fer, ils avaient quelque chose d'aigu qui entrait dans les chairs et pénétrait jusqu'au cœur.

Sans se rendre compte de leurs impressions, les deux jeunes gens éprouvaient, en face de cet homme, un malaise indéfinissable; ils le considéraient avec une curiosité qui ressemblait à de la stupeur.

Seul, le chevalier de Blignac n'avait point perdu de son entrain : il dressait un couvert, il alignait les bouteilles, il corrigeait l'harmonie quelque peu compromise des plats entamés avec une dextérité dont maître Baudrillart eût été certainement jaloux.

Le voyageur fut cependant le premier à rompre le silence.

Il parut faire un effort sur lui-même, et, s'adressant aux trois compagnons :

— Après vous avoir remercié de votre courtoisie, messieurs, il me reste à apprendre ce que vous attendez de moi.

En ce moment, le Gascon avait placé un escabeau devant la table et il considérait les dispositions gastronomiques qui étaient son œuvre, avec une orgueilleuse satisfaction.

— Que vous vous asseyez à cette place, répondit-il, le dos au feu et votre droite appuyée à ce bataillon de bouteilles qui sera la réserve; puis, que vous élargissiez la brèche de ce pâté, que vous lui donniez l'assaut; après quoi, il vous restera encore à balayer l'armée de secours représentée par ce turbot au coulis de crevettes. Faites jouer votre artillerie, continua M. de Blignac en vidant un flacon entier dans le plus grand gobelet qu'il put trouver; les munitions ne vous manqueront pas.

— C'est trop d'honneur pour un homme de ma sorte, Messieurs, quelle que soit ma condition, répliqua l'étranger. Mais si je ne suis pas un gentilhomme comme vous, j'ai cependant l'habitude de n'accepter que ce que je puis rendre.

— Eh bien, mordioux! quoi de plus simple et de plus facile à arranger, dit le Gascon, vous soupez ce soir à nos dépens et demain nous dînerons aux vôtres!

— Non, non, mon gentilhomme, répondit l'inconnu d'une voix sombre et railleuse; jamais je n'oserais engager des gens de votre qualité à franchir le seuil de mon humble demeure.

—Allons donc! vous vous supposez en compagnie de quelques gentillâtres entichés de leur noblesse, qui croiraient déroger en touchant de leur verre le verre d'un bon compagnon. Il n'en est rien. Peu nous importe la tasse pourvu qu'elle soit grande, et si nous aimons que le vin ne date pas d'hier, c'est seulement parce que l'antiquité de son origine ajoute singulièrement à ses mérites. Buvez et mangez. mon cher Monsieur, et je vous engage ma foi de gentilhomme, que votre maison, eût-elle pignon sur une des plus désagréables rues de l'enfer, le jour où vous me convierez à votre table, j'irai m'y asseoir.

Paul Bertaut joignit ses instances à celles du Gascon ; le jeune officier observait toujours l'étranger en silence.

Celui-ci ne se fit pas prier plus longtemps. Il prit place sur l'escabelle, et l'énorme tranche de pâté que M. de Blignac avait placée sur son assiette ne tarda pas à disparaître.

Mais, à la grande surprise du Gascon, au lieu de se servir du gobelet aux proportions pantagruéliques que ce dernier avait rempli jusqu'aux bords, l'inconnu étendit le bras, saisit un broc plein d'eau que les convives avaient laissé intact, en versa dans un verre et porta ce verre à ses lèvres.

M. de Blignac était devenu muet et comme paralysé par ce qui se passait sous ses yeux.

— Comment, s'écria-t-il, entre tant de flacons, voilà celui que vous choisissez !

— Pourquoi pas? jamais je ne bois de vin, Monsieur, répondit simplement l'étranger.

— Vous ne buvez pas de vin ! Eh sandis. j'en veux savoir la raison !

— Que vous importe ? Peut-être parce qu'il est rouge, dit l'inconnu d'une voix sourde.

La physionomie de M. de Blignac, en face de la révélation d'une sobriété compromettant les projets qu'il paraissait avoir fondés, exprimait une déconvenue si parfaitement comique, que Paul Bertaut ne put retenir un éclat de rire.

L'étranger crut qu'on se moquait de lui : ses sourcils se froncèrent, et d'un geste rapide comme la pensée, il porta la main à la garde de son épée.

Le jeune officier lui retint le bras, et subitement calmé, l'homme repoussa la lame dans son fourreau. Alors, s'adressant aux trois convives et prenant une attitude respectueuse qui s'accordait aussi peu avec l'expression menaçante de sa physionomie, qu'avec l'accentuation vibrante et saccadée de chacune de ses paroles :

— Pardon, Messieurs, leur dit-il, vous êtes de jeunes seigneurs en quête de distractions, je suis un pauvre diable qui ne nourrit pas la prétention de croiser son fer contre le vôtre, même s'il vous plaisait de vous amuser à mes dépens. Cependant j'ai, dans mon humble condition, conservé assez d'orgueil pour découvrir une offense dans chacune de vos plaisanteries. Permettez donc que je revienne à mon inspiration première en rentrant dans la chambre qui m'est destinée dans cette auberge.

La douloureuse agitation de l'étranger, la modération avec laquelle s'exprimait sa légitime susceptibilité, touchèrent Paul Bertaut et son cousin.

— Monsieur, dit ce dernier, ce serait à nous à vous présenter des excuses : je ne voudrais à aucun prix que vous me supposiez le complice d'une étourderie qui choisirait pour victime un homme portant une épée, et qui, s'il n'est pas gentilhomme, a probablement du moins été soldat.

— Une franche explication nous justifiera sur-le-champ, Monsieur, ajouta Paul Bertaut : la politesse de notre ami M. de Blignac n'était pas aussi désintéressée que vous avez pu le croire ; il avait espéré.....

Le Gascon se crut tenu de reprendre la parole.

— C'est-à-dire qu'il espère encore, s'écria-t-il en mêlant avec vivacité quelques jeux de cartes que l'hôtelier avait déposés sur la table; oui, monsieur, si j'ai manifesté quelque surprise de votre goût pour une boisson, laquelle, selon moi, rabaisse l'homme au niveau de la brute, je n'en ai pas moins reconnu au grand air par lequel vous avez mis la main à l'arme du gentilhomme que vous n'étiez pas d'extraction aussi vulgaire que vous semblez vouloir nous le persuader, et je reste convaincu que vous allez reconnaître après souper, que d'honnêtes gens ont mieux à faire que de perdre leur temps à dormir solitaires entre deux draps.

— Effectivement, ils peuvent l'employer à perdre leur argent.

— Ou à gagner celui de leur prochain, repartit M. de Blignac en faisant orgueilleusement résonner quelque monnaie contenue dans la poche de son haut-de-chausses. Vous avez deviné, je ne dissimulerai pas plus longtemps. En vous apercevant je m'étais dit, voici un galant homme qui ne nous refusera pas, à mon ami M. Bertaut et à moi, de nous tenir quelques enjeux, et plus je cultive votre connaissance, plus je suis certain de ne pas m'être trompé.

— Vous n'êtes pas perspicace, monsieur le chevalier.

— Un moment, s'écria le Gascon qui, sur un mot ambigu, n'était point homme à renoncer à son idée; je tiens à vous apprendre, mon bon Monsieur, que le guignon qui me poursuit confirme un proverbe que vous connaissez aussi bien que moi. Généralement favorisé par l'amour, le jeu me traite avec une rigueur inouïe. C'est une occasion véritable de fortune que je vous offre en ce moment, et je vous crois trop sensé pour y manquer.

— Effectivement, dit l'inconnu qui depuis quelques instants enveloppait M. de Blignac de son regard si pénétrant, effectivement le hasard ne vous a point favorisé jusqu'ici, quoique vous n'ayez jamais eu, je crois, à vous reprocher d'avoir laissé échapper l'occasion de le tenter.

— Qui vous a si bien informé? dit le Gascon.

Un sourire étrange glissa sur les lèvres de

son interlocuteur, dont les yeux persistaient à rester fixés sur les siens.

— Monsieur le chevalier, reprit-il, je me suis refusé tout à l'heure à l'honneur que ces messieurs et vous, vouliez me faire, mais je n'en demeure pas moins votre obligé, et pour reconnaître la part que vous avez prise au bienveillant accueil que j'ai reçu de vous et de vos amis, je vous demanderai la permission de vous adresser un humble conseil.

— Ah! fit M. de Blignac, n'est-ce donc pas assez de refuser le lansquenet que je vous propose, voudriez-vous le remplacer par une homélie?

— Renoncez au jeu, monsieur le chevalier de Blignac, dit l'étranger d'une voix sourde.

Le Gascon éclata de rire.

— Ah! la bonne plaisanterie, s'écria-t-il; mais je le reconnais, l'invention n'est pas maladroite; c'est la tendre sollicitude que vous éprouvez pour cette sacoche ventrue comme un Génovéfin, qui vous l'inspire. La gravité, le caractère mystérieux de vos recommandations, vous ont semblé un excellent moyen de couper court au désir que je nourrissais d'entrer en conversation avec elle. Bravo! mon cher monsieur; mais vous n'y avez pas songé. — Renoncer au jeu, mordieu! un Blignac sourit à sa dernière pistole, et il ne désespère jamais d'en conquérir de nouvelles.

— Je connais trop le cœur humain pour ne point avoir prévu le cas que vous feriez de mes avis; cependant, je vous le répéterai encore, renoncez au jeu, monsieur le chevalier de Blignac.

— Et pourquoi cela? voyons, dit le Gascon en s'accoudant sur la table et en affectant un air joyeux, vous avez soulevé le coin de votre masque pour nous montrer le nez d'un frère prêcheur. Je veux savoir à mon tour si vous n'usurpez point la qualité susdite, et je vous requiers de développer votre exorde.

— N'est-il donc pas vrai, monsieur le chevalier de Blignac, que jusqu'ici le jeu vous a été singulièrement fatal?

— Après les aveux que je vous faisais tout à l'heure, ce que vous avancez là ne démontrera pas que vous soyez un grand clerc.

— La mort inattendue d'un frère aîné vous avait mis, vous cadet, en possession de l'héritage de vos pères. Monsieur de Blignac, où s'en est allé votre patrimoine?

— Où vont les neiges d'autan, comme a dit Clément Marot, repartit le chevalier; mais vous paraissez me connaître, mon cher Monsieur, et il n'y a rien de bien extraordinaire à vous entendre me raconter mon histoire.

— Où s'est engloutie la dot que vos deux nièces, destinées à prendre le voile, devaient apporter à leur couvent?

— Dieu les a prises sans argent, c'est trop honorable pour leurs personnes pour qu'elles aient eu le mauvais goût de se plaindre. Est-ce là tout?

— Un peu de patience, monsieur le chevalier; pendant les querelles de la Fronde, vous étiez, je crois, anspessade dans le régiment de monsieur de Corinthe.

— Peste, dit Paul Bertaut, ce n'est pas d'hier, paraît-il, que vous vous êtes rencontré avec M. le chevalier de Blignac.

— Monsieur le duc de Beaufort, continua

l'étranger, vous avait en grande estime; vous étiez brave et bon compagnon; c'était un sûr moyen de plaire au petit-fils de Henri IV. Votre babil lui devint si précieux, qu'il vous admit à l'honneur que vous vouliez me faire à moi-même tout à l'heure. Les choses allaient si bien, que vous deveniez de plus en plus agréable; malheureusement cet illustre monsieur de Beaufort tenait de son royal père une véritable horreur pour tout ce qui ressemble à une défaite. Il perdait partie sur partie, et dans son dépit, il osa prétendre que les dés étaient pipés. Je n'en crois rien, mais s'il fallait ajouter foi à ce qui se racontait alors, la mauvaise humeur du roi des Halles intervertit singulièrement les rôles. De battant, vous devîntes battu, monsieur le chevalier.

Le Gascon dont, depuis quelques instants, le visage passait par toutes les couleurs de l'arc-en-ciel, poussa un effroyable juron, et, avant que ses compagnons eussent songé à l'arrêter, il avait décroché son épée et il se précipitait sur l'étranger.

La physionomie de celui-ci conserva son expression railleuse et ne manifesta pas la moindre émotion; il étendit le bras, comprima dans sa large main le poignet du chevalier de Blignac et le serra avec tant de violence que celui-ci, sans pouvoir retenir une crispation de douleur, laissa tomber son arme sur le plancher.

— Tu mens par la gorge, hurlait le Gascon. Si les choses se fussent passées comme tu les racontes, tout duc, tout fils de roi qu'il était, j'eusse certainement appelé M. de Beaufort à me rendre raison.

—Vous le fîtes en effet, car la présomption ne vous manque pas plus que la bravoure; mais votre provocation n'obtint d'autre résultat que de vous conduire à la Bastille, où vous perdites la chance d'obtenir la compagnie que M. de Montigny vous avait promise dans son régiment. Est-ce bien là votre histoire, et suis-je bien instruit de ce qui vous concerne, monsieur le chevalier de Blignac?

— Diable, diable, dit Paul Bertaut, il me semble que vous vous amusez moins que vous ne l'aviez présumé, monsieur de Blignac?

Celui-ci faisait en effet une mine assez piteuse ; il se rapprocha de l'étranger.

— Qui êtes-vous, lui demanda-t-il ? J'ai beau fouiller dans ma cervelle ; je ne puis y découvrir un souvenir qui me rappelle vos traits et votre personne.

— C'est assez naturel, monsieur le chevalier ; un gentilhomme comme vous passe à côté de l'insecte qui rampe à ses pieds ; mais il ne daigne pas abaisser son regard pour le remarquer.

— Cette feinte humilité ne saurait m'abuser, Monsieur. Où auriez-vous appris tant de particularités sur des personnages de l'importance de ceux que vous citez ?

— Monsieur le chevalier, répondit l'étranger avec le même accent sarcastique, l'insecte auquel je viens de me comparer, entre les brins d'herbe qui l'abritent, tient ses yeux fixés sur les étoiles, et la moindre de leurs révolutions se grave dans sa mémoire.

— Tout cela ne me dit pas votre nom, et c'est votre nom que je veux apprendre.

— Vous ne me l'avez pas demandé lorsque

vous m'avez fait l'honneur de m'inviter à m'asseoir à votre table; je suis en droit maintenant de refuser de vous le dire.

— Je le saurai, mordioux, s'écria le chevalier en ramassant son épée, se mettant en garde et battant de son pied deux formidables appels, tire ta rapière, drôle, et défends-toi.

Le jeune collègue de M. de Blignac s'élança entre celui-ci et l'étranger qui, les bras croisés, n'avait fait aucun mouvement.

— A mon grand regret, dit-il de sa voix ferme et grave, je serai forcé de prendre parti pour Monsieur, et contre vous, mon cher de Blignac : vos intentions à son égard étaient assez peu charitables, pour que votre susceptibilité devienne d'assez mauvais goût maintenant.

— Partie carrée, mordioux, criait le Gascon, à moi, à moi, cher monsieur Bertaut, un bon duel ! Voilà qui vaut mieux encore que le lansquenet.

L'adolescent éclata de rire.

— Tirer l'épée contre mon cousin, vous n'y

pensez pas, chevalier; décidément, cette nuit vous n'étiez pas en veine, et il est heureux pour vos écus que nous ayons renoncé à manier les cartes. Rengainez, rengainez! Que diable, vous ne pouvez pas vous escrimer contre un homme qui ne se défend pas plus qu'une quintaine.

— Je te retrouverai, drôle !

— Dieu vous en garde, monsieur le chevalier, dit l'étranger; et maintenant permettez-moi de m'expliquer. Si je vous ai rappelé un passé qui paraît ne point vous être agréable, cela n'a point été dans l'intention de vous offenser : je voulais seulement vous disposer à accorder quelque attention à mes paroles, lorsque je vous parlerais de l'avenir.

— De l'avenir, répétèrent simultanément les trois compagnons.

— Oui, Messieurs, de l'avenir, reprit l'inconnu d'une voix simple, mais très-convaincue.

En une seconde, toute trace de courroux avait disparu sur le visage de M. de Blignac.

— Vive Dieu, s'écria-t-il, êtes-vous l'astrologue de ce faquin de Concini, le dernier qu'on ait vu en France? Je croyais qu'on l'avait pendu en Grève après avoir brûlé sa maîtresse.

— Je ne suis point un astrologue, monsieur le chevalier, je suis un homme qui observe, qui compare et se souvient; rien de plus.

— Et que m'adviendra-t-il, si je néglige vos recommandations?

— Il vous arrivera pis encore qu'il ne vous est arrivé jusqu'à présent.

— C'est bien vague, Monsieur, et votre obligeance devrait aller jusqu'à m'indiquer la pierre contre laquelle choppera ma monture.

—Votre passion, qui a causé votre ruine, qui a compromis votre fortune de soldat, vous coûtera la vie, monsieur le chevalier de Blignac.

— Je suffoquerai peut-être d'émotion en gagnant cent mille pistoles à M. de Mazarin, et la paralysie s'en suivra?

— Non, Monsieur, vous mourrez de mort violente.

— C'est la mort d'un soldat, et je vous rends grâce de votre prédiction, mon cher.

—Ne me remerciez pas tant, monsieur le

chevalier, répliqua l'étranger, car je dois ajouter encore que vous périrez par la corde.

— Pendu?

— Pendu.

— Ceci devient moins probable, cher Monsieur, car vous qui me connaissez si intimement, vous ne devez pas ignorer que je suis gentilhomme, et que les gentilshommes on ne les pend pas.

— Je n'explique rien, monsieur le chevalier, je constate et voilà tout.

— Morbleu, Monsieur, dit Paul Bertaut en s'approchant de l'étranger, vous aurez bien aussi quelque chose à m'apprendre, à moi?

Après ce que je viens d'annoncer à votre compagnon, répondit l'étranger, votre curiosité, Monsieur, est de l'audace.

En parlant ainsi, il prit la main du jeune homme, et en scruta attentivement les lignes internes.

Mais le chevalier de Blignac intervint.

— Je vous préviens, Monsieur, dit-il, que cette seconde expérience n'aurait pour moi rien de concluant. On déchiffre aisément un visage qui, comme le mien, porte le parafe de toutes les passions de son propriétaire ; il est également facile de lire à livre ouvert sur une physionomie de vingt ans ; puis, avec un peu d'imagination, on établit des conjectures qui ne manquent point de vraisemblance, et l'on berne de contes bleus les honnêtes gens que l'on accuse bien à tort d'avoir voulu s'égayer à ses dépens. Voulez-vous que j'ajoute une foi entière à la perspective que vous avez dressée sur mon horizon ? Que je me tienne pour aussi pendu que le fut feu Judas Iscariote ? Exercez votre science sur la face de marbre de mon camarade ; expliquez nous les causes d'une tristesse qui charge quelquefois son front de plus de nuages que l'on n'en voit sur notre port de Dieppe par un jour de tempête ; si vous découvrez ce que je cherche en vain depuis trois ans qu'il est devenu mon compagnon, je croirai à la cabale comme si nous vivions encore au temps de Catherine de Médicis.

A son tour, Charles de Longval avait présenté sa main ; l'étranger ne l'eut pas plutôt considérée, qu'il s'absorba dans la fiévreuse contemplation du savant pour ce qui prend à ses yeux le caractère du phénomène.

— Étrange ! étrange ! murmurait-il.

— Eh bien, mordious, dit le Gascon, est-ce que votre grimoire s'embrouille déjà ?

L'homme s'était levé, une vague émotion altérait sa sombre figure.

— Vous êtes né sous un astre terrible, Monsieur, dit-il à demi voix, et sur les rides de votre front, comme dans les profonds sillons de votre main, je vois votre existence dominée par une fatalité dont on rencontre peu d'exemples.

— Hum ! hum ! fit le chevalier de Blignac, voici de la divination peu compromettante.

— Silence ! s'écria le jeune officier.

— Vous avez aimé ; — l'objet de votre amour s'est rapproché de vous par les liens du sang, et cet amour, jusqu'alors si pur, est devenu un crime... Vous avez voulu fuir ; vous avez mis l'immensité des mers entre vous et celle qui ne pouvait plus vous appartenir ; ce fut en vain. — Son image vous a poursuivi sans trêve, sans relâche, sans merci. — L'épreuve était au-dessus de votre âge, vous n'y avez pas résisté. — Une heure est venue où, pour la revoir, vous auriez risqué le salut de votre âme. — Vous l'avez revue. — Elle aussi, elle vous attendait; elle aussi, elle avait souffert; elle réclamait votre appui, elle vous suppliait de vous rapprocher d'elle. Vous lui avez obéi, et, depuis ce moment, votre existence n'a plus été qu'une horrible lutte entre le devoir et la passion. Cette passion, vous cherchez en ce moment encore à l'étouffer en éveillant dans votre cœur de nouveaux sentiments...

— Assez, assez, de grâce, Monsieur, dit le jeune officier d'une voix haletante.

Paul Bertaut était pâle comme un spectre.

M. de Blignac avait ramassé un bouchon et il le découpait machinalement, sans perdre de vue les acteurs de cette scène.

Tous les quatre restèrent silencieux pendant quelques instants; l'étranger reprit le premier la parole.

— Je regrette, Monsieur, dit-il en s'adressant au jeune officier qui essuyait son front baigné de sueur, je regrette d'avoir réveillé les plaies de votre cœur pour répondre à l'espèce de défi que me jetait monsieur le chevalier de Blignac, et je vous en demande pardon.

— Monsieur, répondit M. de Longval, qui depuis quelques instants marchait avec agitation dans la salle, vous ne m'avez parlé que du passé, et ce passé est assez sombre pour que vous me reconnaissiez le droit de vous interroger maintenant sur l'avenir. Veuillez donc, je vous prie, accéder à ma demande.

L'étranger prit son manteau et le jeta sur ses épaules.

— Laissez-moi partir, dit-il, laissez-moi m'éloigner, jeune homme. Croyez-moi, n'essayez pas de soulever le rideau de plomb que la Providence a placé entre vos yeux et les jours qui vous restent à vivre. Si j'ai révélé à M. de Blignac le sort qui, selon mes conjectures, doit terminer sa carrière, c'est que, sans qu'il s'en doute, M. de Blignac est pour moi une vieille connaissance contre lequel j'avais une petite rancune à exercer. Mais vous avez écarté le fer qui menaçait mon pourpoint, encore une fois souffrez que je m'éloigne.

— Non pas ; j'invoquerai au contraire le service que je vous ai rendu pour vous sommer de vous expliquer.

— Soit ; je parlerai. D'ailleurs, si je sais épeler sur le front de l'homme les signes mystérieux du planisphère cabalistique, je ne suis point assez présomptueux pour supposer que ma science soit infaillible. Si je crois à la prédestination humaine, je suis chrétien et je crois aussi que la volonté et la miséricorde du Très-Haut peuvent lutter et dominer cette prédestination. Je parlerai.

L'officier essaya de sourire.

— Ce que vous avez à m'annoncer doit être bien effrayant, si j'en juge par les précautions que vous mettez à me l'apprendre. Cette fatalité que vous avez découverte dans mon horoscope me poursuivra donc jusqu'à ma dernière heure?

— Elle vous poursuivra par delà la tombe, elle s'étendra à votre race.

— Et pendant ma vie?

L'étranger hésitait, il était devenu aussi pâle que tous ceux qui l'entouraient, et ses paupières, agitées d'un tressaillement convulsif, se baissaient et s'élevaient sur ses yeux.

— Vous aimez ce jeune homme, s'écria-t-il brusquement.

— C'est mon cousin, c'est mon ami, c'est mon frère.

— Eh! bien, ce jeune homme est destiné à mourir de votre main.

L'officier resta muet pendant quelques secondes, roulant autour de lui des yeux hagards comme s'il n'eût pas compris; puis, il jeta ses bras autour du cou de Paul Bertaut et le serrant sur son cœur avec un invincible transport, il disait d'une voix que les sanglots étouffaient dans sa gorge :

— Paul, mon Paul, mon seul ami, moi devenir ton assassin !

— On peut tuer sans être un assassin, Monsieur, reprit l'étranger avec une violence presque brutale.

— Je ne vous comprends pas.

— Le bourreau n'est pas même un homicide, Monsieur, ne le savez-vous pas?

L'officier tomba anéanti sur une chaise, et tandis que Paul Bertaut s'efforçait de le rappeler à lui, tandis que le chevalier de Blignac ayant remplacé son bouchon par les jeux de cartes, les déchirait une à une et jetait méthodiquement dans le feu ces anciens objets de sa vénération, l'étranger quitta la salle et on entendit son pas lourd qui faisait craquer l'escalier du premier étage.

IV

LE CLOS-MAUDUIT

La prédiction qui annonçait à mon aïeul la destinée qui l'attendait eut sur son esprit une influence considérable.

Depuis dix ans qu'il s'absorbait dans les rêveries d'un sentiment unique, les forces actives de sa raison avaient perdu toute leur puissance : il était livré sans défense à la vivacité de ses impressions.

Il avait trop de bon sens pour ajouter une foi absolue aux paroles de l'inconnu, et il ne pouvait empêcher que ces paroles ne retentissent perpétuellement à ses oreilles; mais si dans le jour il parvenait à en chasser le souvenir, dans la nuit elles reprenaient leur empire, elles peuplaient son sommeil d'odieux cauchemars, et peu à peu, sous la pression de cette obsession continue, la conviction qu'il n'échapperait pas à son sort prenait possession de son esprit.

Sa mélancolie se modifia et devint une misanthropie farouche.

Jusqu'alors il avait passé indifférent au milieu des plaisirs et des joies de ses compagnons; mais, après la scène de l'*Ancre dérapée*, la société même de ces compagnons lui fut odieuse, il fuyait jusqu'au bruit de leurs voix. Si parfois ses devoirs le rapprochaient d'eux pendant quelques heures, il leur adressait à peine quelques mots et, aussitôt qu'il était libre, il se hâtait de rentrer dans la solitude.

Sa manière d'être avec l'adolescent auquel nous l'avons vu prodiguer les témoignages d'une si sérieuse amitié, était vraiment étrange; lorsqu'il le rencontrait, à l'émotion de sa physionomie et de sa voix, à la tendresse des regards qu'il laissait tomber sur lui, il était évident que son attachement pour ce jeune homme n'était point altéré, et cependant il mettait tous ses soins à l'éviter.

Paul Bertaut avait lutté contre ces sentiments incompréhensibles pour lui. Il était bien loin de supposer qu'une absurde pronostication pût être pour quelque chose dans une situation morale qui excitait toutes ses inquiétudes: il en faisait remonter la cause à quelque douleur secrète, et, s'efforçant de stimuler la confiance de son cousin, il le conjurait d'alléger ses douleurs en en versant la moitié dans le plus fidèle et le plus dévoué de tous les cœurs.

Charles n'était jamais insensible à ces tendres instances. Une larme tombait de ses paupières, glissait le long de ses joues, et Paul sentait la main de son cousin tressaillir en serrant la sienne. Quelquefois l'officier ne cherchant plus à cacher les pleurs qui baignaient son visage, se jetait dans les bras de son ami, le serrait sur son cœur avec une reconnaissante effusion, et le jeune créole pouvait croire qu'il allait parler; mais si vives que devinssent alors les prières qu'il lui adressait, elles furent toujours vaines, et Charles persistait dans son silence comme dans son isolement.

Paul Bertaut était aussi ardent qu'il était jeune. La retraite dans laquelle vivait Charles de Longval laissait son cousin à la discrétion du chevalier de Blignac; celui-ci, ne trouvant personne pour contre-carrer ses velléités préceptorales, s'était institué le mentor du jeune créole et, le prêchant d'exemple, le conduisait par un sentier qui eût certainement effarouché les vertueux instincts du fils d'Ulysse.

Plus tard, dans la seconde partie de l'histoire de Charles Sanson, je raconterai combien cette liaison devint funeste au cousin de mon aïeul.

A l'époque où nous sommes, si les enivrements du plaisir n'avaient point amoindri l'atchement de Paul pour son parent, ils eurent cependant pour conséquence d'amortir graduellement l'affectueuse sollicitude qu'il lui témoignait.

Cependant les nouvelles que Charles Sanson recevait d'Abbeville venaient ajouter à ses tourments.

D'après les lettres de Colombe, il était évident que l'état de Jean-Baptiste empirait chaque jour.

Voici une de ces lettres:

« Charles, mon frère, pourquoi ai-je à vous demander l'aumosne d'une souvenance? En quoi donc ai-je desmérité de vostre amitié? Si vostre cœur est rebelle à la voix de celle qui se proclame votre sœur très-amicale et très-dévouée, pourquoi demeure-t-il insensible à la voix de celui qui est le trait qui nous usnit dans ce monde et dans l'autre. Votre bien aismé frère souffre cruellement. Toutes ses nuicts sont insomnie, et ces nuictées, il les employe à geindre sur l'abandon de son frère chéri, qui poinct ne lui envoye quelque parole qui le reconforte. Depuis le jeudi 24 de ce présent mois, son mal s'est très-fort empiré; je demande à Dieu que ce soit son plaisir de prendre ma vye en eschange de la vye de mon espoux, comme c'est mon devoir d'espouse et de chrestienne, mais depuis longtemps Dieu n'a nul esgard à mes prières. La résignation que d'austres afflictions m'avaient apprise, je ne la trouve plus en moy, tant c'est peine cuisante et mortelle d'entendre plorer un pausvre homme tant endolori, sans pouvoir y apporter remède. Pourquoy ne poinct nous escrire, mon frère? Estes-vous donc tant changé que vous n'aiez nulle mémoire de ceux qui tant vous ont aimés? Escrivez à vostre frère, Charles. Je fais, s'il faut, sacrifice de vostre amitié, si vous pensez qu'il faut que vostre amitié poinct ne me demeure, et je vous baille serment que si le Seigneur m'oste celuy qu'il m'avait donné pour appuy, oncques ne vous importuneray. Mais qu'au moins vostre amitié ne manque à celui qui n'a plus que ce seul bien, et si Dieu tinte pour luy sa dernière heure, faictes qu'il ait cette consolation de vous pouvoyr bénir avec moy.

» Le 31e de may de l'an 1662.

» COLOMBE SANSON. »

On peut aisément se figurer le désordre que ces douloureux reproches devaient jeter dans l'âme déjà si troublée de Charles Sanson.

A l'idée qu'il allait se trouver à jamais séparé d'un frère bien-aimé, il versait des larmes sincères, mais en même temps une autre pensée précipitait le mouvement de ses artères et faisait passer de mortelles angoisses dans son âme.

Il songeait avec terreur à ce qui s'était passé entre Colombe et lui le jour où il l'avait quittée ; il puisait dans ce souvenir la conscience de sa faiblesse et de la vanité de ses résolutions, et il n'osait se demander ce qui adviendrait lorsque la main de Dieu aurait brisé l'obstacle devant lequel sa passion avait reculé épouvantée.

Et comme si ce n'eût pas été assez de ces déchirements pour l'accabler, les petits mais impérieux soucis de l'existence de ceux qu'il aimait venaient aiguillonner son cœur endolori.

La maladie de Jean-Baptiste avait épuisé les ressources du malheureux ménage.

Charles avait envoyé à son frère le peu d'argent qu'il possédait, mais il avait compris, aux douloureuses réticences de la lettre de Colombe, que ce sacrifice avait été bien loin de suffire à des besoins qui devaient grandir avec le mal. Lorsque son cœur oppressé voulait mêler son contingent de larmes aux larmes qui, là bas, vers le Nord, se répandaient au chevet du pauvre aveugle, lorsqu'il demandait à son imagination de le transporter dans cette chambre dont il se rappelait le moindre détail, il n'avait pas plutôt évoqué le tableau, qu'à son aspect il fermait les yeux éperdu. A côté du spectre de la mort qui s'approchait de son frère, il avait aperçu le spectre non moins horrible de la misère, et celui-ci il l'avait vu, de son doigt, toucher Colombe, cette Colombe pour laquelle il lui avait toujours semblé que Dieu créait les richesses de la terre.

Il répondit à sa belle-sœur, car je trouve encore dans sa correspondance deux lettres de Colombe Sanson qui portent la date du mois de juin 1662, plusieurs brouillons ou copies de la main de Charles, qui tous ont trait à la maladie de son frère, et un grand nombre de papiers informes sur lesquels il avait tracé des phrases surchargées de ratures, et qu'il avait conservées avec un soin indiquant l'importance qu'il attachait à ce qui lui rappelait le premier amour de sa jeunesse.

Un après-midi que mon aïeul rentrait dans la maison qu'il habitait, il trouva sur le seuil un messager qui l'attendait. Cet homme lui remit une lettre.

Il n'eut pas plutôt jeté les yeux sur la suscription de cette lettre qu'il devint livide; il chancela, et si le banc sur lequel l'homme s'était assis n'eût pas été là pour le recevoir, il fût tombé à la renverse.

Il avait reconnu l'écriture de sa belle-sœur, et cette écriture était à demi effacée par les pleurs qui avaient mouillé le papier. Avant d'ouvrir la lettre, Charles avait deviné que Jean-Baptiste était mort.

En effet, Colombe lui annonçait le malheur qui l'avait frappée. Elle ajoutait que son désespoir grandissait par suite de l'obligation où elle était de l'entretenir d'autre chose que de celui qu'ils avaient perdu. Les restes mortels du pauvre aveugle n'avaient pas été encore rendus à la terre que ses anciens confrères, les hommes de loi, s'étaient abattus sur sa pauvre dépouille. Colombe avait été chassée de l'humble toit qui avait abrité la ruine de son mari : elle n'avait trouvé ni secours, ni pitié chez les parents qui leur restaient à Abbeville; alors elle avait songé à son frère, elle s'était mise en marche pour venir le retrouver, mais ses forces avaient trahi son courage : elle s'était arrêtée la veille au village d'Envermeu, à quelques lieues de Dieppe, où elle attendait qu'il vînt la prendre pour la conduire dans l'asile qu'il choisirait pour elle.

Charles resta pendant un instant immobile, muet et comme écrasé par la nouvelle qu'il venait de recevoir.

Il sortit enfin de sa torpeur, congédia le messager, sella lui-même son cheval, et s'élança à fond de train dans la direction d'Envermeu.

Il venait de dépasser les dernières maisons du faubourg de Pollet; il se trouvait sur le plateau désert de ces falaises qui font aux grèves de l'Océan une ceinture de granit, lorsqu'il aperçut, à quelques pas de lui, un homme couché dans une anfractuosité de rocher et les yeux fixés sur les fenêtres d'une maison isolée que l'on voyait à quelque distance dans un pli de terrain et au milieu d'un verger de maigres pommiers.

Cet homme était vêtu en marin ; Charles n'eût accordé aucune attention à sa présence, si, au bruit des sabots du cheval sur la route, ce personnage en se retournant ne lui eût montré le visage de Paul Bertaut.

L'officier envoya en passant un cordial bonjour à son cousin, mais au milieu des douloureuses pensées qui l'agitaient il ne laissa pas que de se demander ce qui pouvait attirer Paul ainsi déguisé dans cette solitude : il se reprocha avec quelque amertume l'abandon dans lequel il laissait ce jeune homme.

Il arriva à Envermeu vers cinq heures du soir.

En approchant du village, au haut de la dernière montée, se trouve une croix de pierre ;

du fond du vallon, Charles vit une femme vêtue de noir qui se tenait assise sur les degrés de ce calvaire; son cheval, essoufflé de la rapidité de la course, voulait ralentir son allure, mais vigoureusement enlevé par son cavalier, l'animal reprit le galop, et en quelques secondes il eut atteint le sommet de la colline.

Colombe avait conduit son messager jusque-là, et elle s'y était arrêtée pour attendre l'arrivée de celui qu'elle appelait auprès d'elle.

Quand elle le vit s'approcher, elle cacha son visage entre ses mains; Charles était descendu de cheval, il était debout devant elle, mais elle ne releva pas la tête; on entendait seulement le bruit de ses sanglots, on voyait sa poitrine se soulever et se tordre dans un spasme convulsif.

Charles l'appela et se pencha vers sa belle-sœur; mais Colombe se relevant évita son étreinte et lui montrant le calvaire qui devant eux étendait ses bras noirs et moussus, elle sembla lui dire que c'était à celui qui soutient et qui console dans toutes les détresses et dans toutes les afflictions, qu'il fallait aller avant d'aller à elle.

Tous deux s'agenouillèrent sur les degrés de granit, et leurs cœurs se confondirent dans une même prière pour celui qui n'était plus.

Lorsqu'il se releva, Charles sentit son âme singulièrement rafraîchie et fortifiée. Ce passé auquel, en retrouvant Colombe, il s'était, comme elle peut-être, reporté avec tant d'effroi, il l'envisageait sans remords; cet avenir qui le glaçait d'épouvante, il était calme en y songeant. Il lui semblait que cette communauté de douleur et de prière avait à jamais affranchi sa tendresse de toute souillure : une amitié sans bornes, un dévouement sans limites survivaient seuls à ses anciens sentiments pour Colombe, et le nom de sœur, ses lèvres pouvaient maintenant le lui donner sans balbutier.

Il lui prit la main, et, au contact de cette main, il ne sentit pas comme jadis un frisson courir dans ses chairs; en la contemplant, belle encore dans sa pâleur et sous les stigmates de la souffrance, il restait calme.

Il respira longuement et avec bonheur.

Il comprenait qu'avec la force que lui prêterait cette pure et chaste affection, il pourrait désormais défier la fatalité.

Ils marchèrent ainsi côte à côte jusqu'à la chaumière des paysans, qui, touchés de la détresse de Colombe, lui avaient, la veille, donné l'hospitalité.

Elle racontait à son frère tous les incidents des derniers moments de Jean-Baptiste, et, profondément remué par la peinture que Colombe lui faisait de leur isolement et de ses peines, Charles déplorait la faiblesse avec laquelle il avait lutté contre lui-même; il conjurait sa belle-sœur de lui pardonner le délire qui l'avait empêché de poursuivre la mission consolatrice que, pendant quelques mois, il avait partagée avec elle; et, unis tous deux dans une commune pensée, ils levaient les yeux vers le ciel, comme s'ils eussent aspiré à rejoindre celui qui les y avait précédés.

Charles désirait que Colombe, qui paraissait faible et chancelante, séjournât un jour encore chez ses hôtes; mais celle-ci, rassérénée par la franchise avec laquelle son ami lui avait fait l'aveu de ses torts, par le calme de son langage et de ses manières, avait hâte de quitter Envermeu et d'arriver à Dieppe.

Charles la fit asseoir sur son cheval; il prit en main la bride de l'animal, et, marchant à ses côtés, ils s'acheminèrent vers la ville.

Tout en marchant, ils parlaient tantôt du passé, c'est-à-dire de Jean-Baptiste, car il semblait désormais entendu que l'horizon qu'ils laissaient derrière eux s'arrêterait au jour où Charles avait quitté la maison de Pierre Brossier; tantôt aussi ils causaient de l'avenir.

Les luttes de l'amour et de la vertu, les renoncements qui, pour elle, avaient été la conséquence de ces luttes, sa vie d'afflictions muettes et de souffrances cachées, les difficultés, enfin, de sa nouvelle situation, avaient mûri l'esprit de Colombe. Les notes que nous a laissées mon aïeul sont pleines des souvenirs de cette fatale journée; et lorsqu'il parle des voies que les sages prévisions de sa sœur bien-aimée traçaient pour lui dans l'existence, il semble entendre le cri d'un damné qu'éblouit un rayon venu de ce paradis dont il a effleuré le seuil et qu'il a perdu pour jamais.

Elle lui fit comprendre qu'ils étaient trop jeunes tous les deux pour que la pureté de leurs sentiments se passât d'une salutaire égide. Elle lui annonça qu'elle avait résolu d'entrer dans l'une de ces congrégations religieuses dont les membres ne sont point liés par des liens irrévocables, et que dans le Nord on appelle des *Béguignages*. De la sorte, elle ne se trouverait pas complétement séparée de Charles; quelques visites, une correspondance active alimenteraient leur affection mutuelle et leur donneraient le courage de supporter leur séparation. Puis, lorsque l'âge les aurait mis à l'abri des calomnies du monde et des égarements de leur raison, ils se réuniraient, et dans cette douce intimité qui n'aurait pas eu son instant de défaillance, ils vivraient les derniers jours que Dieu leur accorderait.

Au moment où, d'une parole plus éloquente que ne l'est ma plume, Colombe traçait le tableau de la félicité de ces deux vieillards qui, après s'être aimés sans partage, après s'être sacrifiés l'un à l'autre avec une abnégation sublime, se donnaient la main pendant un instant avant d'entrer dans cette éternité qui seule consomme l'union véritable, ils arrivaient au sommet d'une montagne d'où l'Océan se déroulait devant eux dans toute son immensité.

La chaleur du jour avait été accablante. De gros nuages d'un noir cuivré s'étaient amoncelés sur leur tête et roulaient lourdement de l'est à l'ouest. Mais ces nuages n'avaient pas encore enveloppé l'horizon du côté de l'occident, et, à travers une étroite échappée qui ressemblait au foyer d'une fournaise, le soleil à son déclin luttait victorieusement contre les doubles ténèbres de l'orage et de la nuit. La mer, au large, flamboyait comme un brasier, ses flots bouillonnaient comme s'ils eussent été des flots de lave. Plus près des côtes, les eaux de l'Océan, dont pas un souffle ne ridait la surface, étaient obscures comme le ciel, mais de temps en temps un jet de flammes s'élançait du cratère embrasé et la nappe noirâtre se rayait de reflets sanglants.

Colombe avait arrêté sa monture, et elle demeurait muette, abîmée dans la contemplation de ce spectacle grandiose.

De larges gouttes de pluie commençaient à tomber. La brise s'était levée, elle soulevait la poussière du chemin en épais tourbillons, dont des rafales balayaient les spirales grises qui pendant un instant avaient semblé vouloir aller se joindre aux nuages. Les teintes du lointain avaient peu à peu perdu leur violence; le ciel et la mer se confondaient à l'horizon dans une bande d'un rouge foncé; celle-ci se colorait de nuances fauves, et l'on voyait, depuis quelques instants, courir rapides à sa surface de longues bandes d'une écume blanche.

Tout annonçait une terrible tempête; les voyageurs avaient encore à marcher pendant plus d'une heure avant d'arriver à la ville, et si loin que Charles regardât, il n'apercevait pas une cabane où il pût aller demander un abri.

Il dit à Colombe qu'il fallait se hâter : il fit prendre le trot à son cheval.

Après quelques centaines de pas, le bruit de plus en plus strident de sa respiration alarma

Colombe ; elle le conjura de monter auprès d'elle, elle lui fit observer que de la sorte leur marche deviendrait plus rapide.

Charles y consentit.

Il se mit en selle ; il enveloppa sa compagne de son manteau, enlaça de son bras droit la taille svelte de la jeune femme, et, se réservant la main gauche pour diriger sa monture, il piqua des deux et la lança au galop.

En ce moment l'orage éclatait dans toute sa violence.

Les coups de tonnerre se succédaient sans interruption ; des cascades de flammes reliaient le ciel à la terre ; le vent hurlait ; à ses mugissements se mêlaient les rauques clameurs de la mer soulevée ; les arbres de la route tordaient leurs cimes échevelées avec des grincements sinistres.

En entendant ces voix terribles on eût dit que la nature en convulsion avait sa part d'épouvante et que, comme la mouette qui fuyait dans les nuages, elle jetait sa plainte à Dieu.

La pluie tombait par torrents, et bientôt les ténèbres devinrent si profondes que Charles ne distinguait le chemin que lorsque le ciel s'ouvrait pour livrer passage à quelque gigantesque serpent de feu.

Il serrait contre sa poitrine le précieux fardeau qu'emportait son cheval; il couvrait Colombe de son corps, comme s'il eût cherché à opposer ce rempart aux éclats de la foudre qui grondaient sur leurs têtes.

La jeune femme avait jeté son bras autour du cou de son compagnon, elle cachait son visage dans le pourpoint de celui-ci. Son cœur battait avec violence et ses battements se confondaient avec les palpitations du cœur de Charles.

Une émotion étrange ne tarda pas à s'emparer du jeune homme.

Il respirait avec effort les chaudes vapeurs qui embrasaient l'atmosphère, et de temps en temps un soupir d'angoisse soulevait sa poitrine.

Colombe murmura quelques mots qui se perdirent dans le fracas de la tempête.

— Colombe, Colombe, s'écria tout à coup Charles d'une voix vibrante, mourir ainsi, être frappés sur le sein l'un de l'autre, n'est-ce pas le seul prix dont Dieu puisse récompenser nos épreuves? Gronde la foudre, mugisse la tempête, s'abîme la terre! Pourvu que je t'emporte ainsi à travers l'éternité, je bénirai la foudre, la tempête et le cataclysme.

La jeune femme dégagea sa tête du sein de son compagnon.

— Ne parle pas ainsi, Charles, dit-elle avec un accent déchirant d'angoisse; Charles, tu outrages des cendres encore tièdes.

Mais Charles ne l'écoutait pas.

Il paraissait en proie à une ivresse folle, comme si les feux de ces orages fussent passés dans ses veines.

Il avait abandonné les rênes ; ses éperons, fouillant avec rage les flancs de son cheval, avaient imprimé à l'allure de l'animal une rapidité vertigineuse. Ils passaient dans la nuit comme un groupe de spectres qu'emporte un tourbillon. En même temps ses bras étreignaient Colombe; il la pressait sur son cœur avec une indicible passion, et la jeune femme sentit des lèvres brûlantes comme des charbons ardents qui s'arrêtaient sur son front.

En ce moment un éclair sillonna la nue et, pendant une seconde, il illumina les ténèbres de ses éblouissantes clartés.

Colombe poussa un cri d'angoisse, car en apercevant cette figure livide qui se penchait sur la sienne, en rencontrant ces yeux hagards injectés de sang, qui se fixaient sur elle comme ceux d'un vautour sur le passereau qu'il va dévorer, elle avait cru entrevoir une face de démon.

Par un effort surhumain, elle essaya de s'arracher des bras de Charles et de se précipiter en bas du cheval, mais il semblait qu'elle fût retenue par des liens de fer.

— Charles, Charles, grâce, pitié, murmura-t-elle d'une voix éteinte, au nom de ton frère, au nom de Dieu !

Charles répondit par un blasphème.

Au même instant, comme si la foudre qu'il avait appelée eût été docile à sa voix, la nue se déchira et vomit la flamme : une trombe de feu les entoura ; à dix pas de l'endroit où ils se trouvaient, un pommier tourbillonna sur sa base et s'abattit.

Le cheval, fou de terreur, s'était cabré, il se renversa en arrière avant que ceux qui le montaient eussent pu se rendre compte de ce qui arrivait.

La violence du choc avait arraché Colombe des bras de mon aïeul.

Il se releva meurtri, blessé, mais il songeait à Colombe, et il ne pouvait sentir son sang qui coulait.

Il la chercha vainement auprès de lui.

Il l'appela.

Rien ne lui répondit ; il n'entendait que le bruit de la pluie qui fouettait la terre, et le retentissement des sabots de son cheval qui, s'étant remis sur ses jambes, s'enfuyait du côté de la ville.

Alors ses cheveux se dressèrent sur sa tête ; il sentit le froid de la mort passer dans ses veines.

Il n'osait pas étendre le bras, il lui semblait sentir sous sa main un cadavre.

Il n'osait plus penser, car sa première pensée lui avait montré Colombe tuée dans cette épouvantable chute.

Cela ne dura qu'un instant, mais pour recouvrer l'usage de ses facultés, il lui fallut un effort aussi pénible que s'il eût eu le monde à soulever.

Enfin, il parvint à se rendre compte que du côté où il était tombé, un ravin bordait la route; il se précipita plutôt qu'il ne descendit dans ce ravin : il ne tarda pas en effet à rencontrer le corps de Colombe, mais ce corps était inerte, il paraissait inanimé.

Il essaya vainement de la rappeler à la vie, les soins qu'il lui donna furent inutiles, comme l'étaient ses prières, ses sanglots, ses cris, comme l'étaient les déchirants appels par lesquels il demandait du secours et que le vent emportait dans ses sifflements.

Alors il prit Colombe entre ses bras et se mit à courir éperdu à travers champs, sans se rendre compte de quel côté il se dirigeait, tant le désordre de son esprit était grand.

Au moment où il traversait une haie, des branches lui déchirèrent le visage, mais il aperçut en même temps une lumière qui scintillait à travers le feuillage d'un jardin dans lequel il avait pénétré, et il ne sentit pas la douleur. Il s'élança de ce côté, trouva la porte, l'ébranla d'un coup de pied, et, épuisé par les terribles émotions de la soirée, bien plus que par le sang qu'il avait perdu, succombant sous le poids de son fardeau, il tomba évanoui sur le seuil.

Il fut longtemps sans reprendre connaissance.

Quand il revint à lui, sa raison vacillait dans son cerveau qui lui semblait vide; c'était vainement qu'il cherchait à se rendre compte de ce qui s'était passé, de l'endroit où il se trouvait. L'éclat du soleil, pénétrant par une baie haute et étroite dans la chambre, l'éclairait vivement et éblouit ses yeux lorsqu'il les entrouvrit.

Cependant, il avait distingué la radieuse tête d'une jeune fille au milieu des flots de lumière qui lui faisaient une auréole; elle était assise dans l'enfoncement de la fenêtre, elle paraissait occupée à réunir dans un faisceau les tiges de quelques fleurs des champs.

Pendant quelques instants il ne put détacher ses regards de cette gracieuse apparition; un vague, un instinctif remords lui reprochait bien d'accorder tant d'attention à une femme qui n'était pas Colombe, mais il lui était impossible de se recueillir dans une autre pensée ; son cœur n'était pas revenu à la vie, et son intelligence chancelante percevant des sensations, était encore insensible aux sentiments.

Il fit probablement quelque mouvement sur sa couchette, car la belle jeune fille se leva et s'avança vers lui.

En la voyant s'approcher, Charles retrouva subitement le nom et les idées qui lui échappaient.

Ce nom, c'était celui de Colombe.

Ces idées se traduisaient dans l'angoisse avec laquelle il le prononça.

La jeune fille demeura silencieuse.

— Et Colombe, Colombe, répéta mon aïeul en tendant les mains vers l'étrangère pour l'implorer, dans ses gestes comme dans son cœur.

Il sentit alors deux larmes qui tombaient brûlantes sur ses mains ; il vit les deux beaux yeux d'où ces larmes s'étaient échappées, se fixer sur lui avec une expression de tendre commisération.

Puis, s'agenouillant devant un Christ de bois qui était fixé au-dessus de la cheminée, la jeune fille se mit en prière.

Ces pleurs, ces prières d'une étrangère, avaient leur muette, mais saisissante éloquence; mon aïeul comprit que Colombe était bien morte, ses forces l'abandonnèrent, et, écrasé par l'immensité de sa douleur, il perdit pour la seconde fois connaissance.

Une fièvre violente s'empara de lui.

Lorsqu'une douleur morale est assez puissante pour désorganiser l'économie physique de l'homme, le principe du salut se trouve dans l'excès du mal lui-même. Les souffrances de l'âme paraissent s'amortir à mesure que les souffrances du corps deviennent plus aiguës. A mesure que la vitalité diminue, la faculté que possédaient les sentiments de communiquer leurs impressions à la matière, tend à s'effacer. Il semble qu'inspirée par l'imminence du danger, celle-ci entre en révolte et se refuse à s'occuper de tout ce qui n'est pas elle.

Charles eut de violents accès de délire.

Puis, il tomba dans une espèce d'engourdissement qui se prolongea pendant quelques jours.

Dans la première période de cet état de torpeur, il crut plus d'une fois entrevoir la gracieuse figure de la jeune fille qui se penchait sur son chevet, et considérait le malade avec anxiété.

Mais lorsqu'il eut recouvré ses facultés, bien que ce fût toujours elle que ses regards cherchaient lorsqu'il s'éveillait, il ne la retrouva jamais auprès de lui.

Une vieille femme avait remplacé sa charmante garde-malade.

Quelquefois, aussi, il voyait s'approcher de son lit un homme dont la physionomie le frappait singulièrement, car il lui semblait que cet homme, ce n'était pas la première fois qu'il le rencontrait.

Un soir que Charles venait de s'éveiller, son hôte entra dans sa chambre, lui prit le bras et en scruta attentivement les pulsations :

— «Je constate avec joie, dit-il enfin, que la

mort n'aura pas voulu de vous, cette fois, monsieur de Longval.

Au son de cette voix, les souvenirs de mon aïeul s'étaient précisés : il avait reconnu l'étrange personnage que le chevalier de Blignac avait convié au souper de *l'Ancre dérapée,* celui qui lui avait fait entendre de si singulières paroles.

Il se dressa sur son séant, il étreignit cordialement la main qui tenait la sienne :

— Monsieur, dit-il en souriant tristement, si vous devez être aussi sûr prophète que vous vous êtes montré bon médecin, peut-être eussiez-vous dû laisser la mort faire tranquillement sa besogne.

— Monsieur, répondit l'homme, je ne suis pas plus un prophète qu'un médecin. Condamné à voir de près toutes les souffrances du corps, toutes les maladies de l'âme, j'utilise mes observations pour venir en aide à mes semblables, et je n'exige d'eux pas même de la reconnaissance.

— La mienne vous sera cependant acquise, Monsieur, non pas tant pour ce que vous avez fait pour moi, que pour avoir rendu les derniers devoirs à celle qui m'accompagnait, à ma sœur. Voudrez-vous encore, ajouta-t-il d'une voix sourde, me conduire où elle repose?

Le maître du logis était loin de partager l'émotion de Charles; sa figure rébarbative exprimait plus de mauvaise humeur que de compassion.

— Monsieur de Longval, dit-il, vous me paraissez assez remis de votre accident et de votre maladie pour qu'un voyage d'une lieue n'ait point pour vous de graves conséquences. Un homme à moi conduit, cette nuit, un chariot à Dieppe; il vous ramènera chez vous sans fatigue, et le gardien du cimetière vous rendra le service que vous réclamez de moi.

Bien que mon aïeul eût été à même d'apprécier les étranges façons de ce personnage, il fut surpris de cette brutalité, qui s'accordait si mal avec les soins dont il avait été l'objet.

— Soit, répondit-il, je vous dois trop pour me formaliser de cette façon un peu brusque de me signifier mon congé. Mais avant de nous séparer, Monsieur, vous me direz au moins de quel nom on vous appelle. Ce nom, vous avez eu le droit de le refuser à ma curiosité, mais vous ne sauriez le taire lorsque je vous le demande pour le répéter dans mes prières.

— Priez pour ceux qui souffrent, monsieur de Longval, et vous aurez prié pour moi. Connaître mon nom vous serait inutile ; et si vraiment vous croyez me devoir quelque gratitude pour l'hospitalité que je vous ai donnée, vous me le prouverez en n'insistant pas davantage.

— Ne pourrai-je au moins dire adieu à celle...

L'homme l'interrompit brusquement.

— Partez, s'écria-t-il, d'une voix sombre. Nous nous sommes rencontrés deux fois déjà dans ce monde, monsieur de Longval ; Dieu veuille que ce soit la dernière.

Alors il aida mon aïeul à s'habiller ; celui-ci trouva dans la cour un lourd chariot, attelé d'un cheval, et auprès de ce chariot une espèce de rustre d'une taille gigantesque, qui semblait l'attendre.

Il se retourna pour remercier une dernière fois son hôte ; mais celui-ci était déjà rentré dans la maison et en avait refermé la porte.

Au moment où le charretier, qui manifestait une grande impatience de partir, aidait l'officier à monter dans le chariot, celui-ci crut voir s'agiter le rideau de la seule fenêtre du premier étage qui fût éclairée, et la charmante silhouette de la jeune fille qu'il avait entrevue le matin, disparaître derrière les draperies.

Le pesant véhicule s'ébranla et se mit en route.

Pendant le chemin, Charles de Longval remarqua avec étonnement la singularité du chargement du chariot dans lequel il était assis, et qui se composait de barres, de tenailles, de cordes, et d'une roue d'une forme étrange, et dont il ne pouvait deviner l'usage.

Il essaya inutilement de faire parler le charretier; celui-ci paraissait résolu d'exécuter rigoureusement la consigne qu'il devait avoir reçue d'être muet. Tout ce qu'il en put apprendre, ce fut que la maison dans laquelle il avait reçu une si généreuse hospitalité, se nommait le *Clos-Mauduit*.

Rentré dans sa petite chambre solitaire, Charles s'aperçut avec effroi que le souvenir de la belle jeune fille du *Clos-Mauduit* l'y avait suivi, et qu'il ne pouvait plus évoquer l'ombre de la morte, sans qu'une autre image ne vînt se placer entre cette ombre et lui.

C'est à partir de ce moment de sa vie que mon aïeul commence son récit.

Comme dans l'espèce de confession qu'il ébauche, il reste muet sur son amour pour sa cousine devenue la femme de son frère ; comme jamais il n'en parle que d'une manière indirecte ; comme il accuse de vagues tortures, de grands tourments, des cuisantes appréhensions sans pouvoir se décider à les préciser, il était nécessaire que j'esquissasse ce que fut une passion qui ne joua pas, dans la terrible détermination que nous allons lui voir prendre, un rôle moins important que sa rencontre avec la jeune fille du *Clos-Mauduit*.

Maintenant je lui laisse la parole, et je donne son manuscrit avec son orthographe et ses incorrections originales.

V

MANUSCRIT DE CHARLES SANSON

Dieu, en sa miséricorde infinie, mesura nos espaules à la croix qu'il nous baille à porter; il n'a point fait de malheur si poignant qu'on ne s'accoustume à son idée, et ce qui, du premier abord, nous avait semblé aussy impossible qu'il le seroit à un homme d'avaller l'eau de la mer en son entier, se réalise par la toute puissance de l'habitude. Après estre entré en révolte contre le sort qui estait mien, j'ai finy par souffrir patiemment le mal que je ne méritois pas avec celuy que mes imprudences m'ont attiré, en priant Dieu qu'il me procurast meilleure fin que n'aurait esté ma vie. Mais bien que l'enfant ne subsiste que par la volonté de ses parents, qu'il vienne d'eux, qu'il leur doibve tout, et qu'ils n'aient rien qui leur soit si propre, j'appréhende que les miens vis-à-vis de l'estrange différence qu'ils trouveront entre leur existence actuelle et celle qu'ils étaient en droit d'attendre de moy, ne murmurent en dedans d'eux-mêmes contre celuy dont ils ont reçu l'estre et la vie ; aussy avant de crier mercy à Dieu, ay-je voulu confesser mes fautes et les raisons qui m'ont donné ce misérable estat de bourreau, afin qu'ils me pardonnent s'il y a lieu de me pardonner, qu'ils me plaignent s'il y a lieu de me plaindre, et le jeudy onziesme jour de decembre de l'an du Seigneur, mil six cents quatre vingt et treize, ay-je commencé cet escrit.

Mon plus cuisant malheur feut tousjours de

donner à mes passions un pouvoir despotique sur ma volonté et de me rendre ainsy par mon endurcissement indigne des bontés de Dieu, qui, nonobstant et plus d'une fois, tenta de me tirer du gouffre où elles me précipitoient.

Une grande affliction contritionna mon jeune aage, mais loin d'entrer en lutte contre elle et de la resduire par raisonnement, par mortification et par prière, je me compleus si bien à l'entretenir qu'on m'eust fait quitte de la vie, plustôt que de mon fol amour, et que cet asservissement prepara mon esprit à subir toutes les violentes résolutions qu'il plaisrait à mon cœur de lui imposer.

En l'an 1662 j'étois lors lieutenant dans le régiment de monsieur le marquis de Laboissière qui, après avoir fait en l'an 1658, sous monsieur le vicomte de Turenne, la campagne où l'on prit Bergues, Furnes et Gravelines, était venu tenir garnison en la ville de Dieppe.

En cette année 1662 mon frère l'ancien conseiller mourent en la ville d'Abbeville qu'il habitoit, et ce feut pour moy grand deuil et grand ennuy, d'autant plus que Colombe

Brossier de Limeux, sa veuve, s'en alla bien cruellement de ce monde quelques jours après luy.

Dans le mois de juillet, cette aide de Dieu, dont je fais mention, s'estoit manifestée avec un grand éclat en ma faveur; mais en mesme temps que mon Seigneur me mettoit, bien amèrement hors d'un péril qui eut peu damner mon ame, l'éternel ennemi de nostre salut, m'incitoit à tomber dans un autre.

En suite d'une cheute de mon cheval qui mist grandement ma vie en péril, je feus porté à la demeure d'un pauvre homme qui habitoit cette maison qu'on desnomme le Clos-Mauduit, qui se trouve hors des murs de la ville de Dieppe, par de là le cimetière, sur le chemin de Neufchastel, en cet endroit où il n'en est point d'autres.

Cet homme fist pour moi ce qu'avoit fait le bon Samaritain : il lava mes playes, il pansa mes blessures, il ne me bailla congé que lorsque je fus guéry. Mais j'emportois de sa maison un autre mal plus fascheux que celuy qu'il avoit soulagé : j'en sortois énamouré d'une fille que l'on nommoit Marguerite et qui estoit son enfant unique.

Dans l'abord je n'y vouleus pas songer. Bien que j'ignorasse l'estat vray du père de Marguerite, il m'avoit pareu de piètre condition, et ne voulant prestendre à l'espouser, je ne pouvois mettre à mal la fille de celuy qui m'avoit fait du bien.

La cruelle perte que je venois d'esprouver en la personne de mon bien-aimé frère et de ma très-bien-aimée sœur, chargeoit mon ame de deuil, et je résolvois de consacrer toute ma vie à la pleurer.

Mais les résolutions de l'homme ne sont que chimères, et malgré moi pendant le jour, pendant la nuict, je voyois l'image de celle dont je me resprochois comme crime d'entretenir mes pensées.

Dans ces temps-là, un mien cousin que l'on nommoit Paul Bertauld, estoit veneu à Dieppe pour ses affaires de commerce, estant de ceux qui tenoient la Nouvelle-France des Indes, avant que le Roy nostre sire ne l'eust rachetée de leurs mains.

Bien que déjà sourdement je haïssois mes semblables en raison des traverses et misères à moy suscitées, et que je preferasse la solitude à leur société, j'aimois fort Paul Bertauld, que j'avois cogneu, garsonnet en la ville de Québec, lorsque j'y feus sur les vaisseaux du Roy.

Bien que Paul ignorast comme tous la cause vraye de mon humeur et mélancholye, il s'efforçoit de me distraire et de me procurer disvertissement autant en sa seule compagnie qu'en celle du sieur Valvins de Blignac qui, comme moy, avoit une lieutenance dans le régiment de monsieur le marquis de la Boissière, et estoit une bonne lame et un très-joieux compaignon.

Un jour d'austomne, que nous mangions tous trois au bord de la mer, en la maison d'Isaac Crocheteu, mon cousin Paul déclara, en manière de hasblerie, qu'avant que tout le mois ne feut escoulé, il auroit pour belle amie la plus jolie fille qui feut en la ville de Dieppe et dans ses fausbourgs.

Le sieur de Blignac, qui de son naturel estoit aussy un grand flatteur et qui abondoit dans les dires de celuy qui se laissoit volontiers piper et paioit ses goinfreries, confirma cette assurance comme s'il cognoissoit la donzelle.

Incontinent, je me sentis tout remué en moi-mesme, et mon cœur se prist à battre, car j'avois desjà remarqué que depuis quelques jours, mon cousin portoit à son costé cette fleur des champs sauvages qui se nomme comme se nommoit celle à laquelle je pensois toujours, et je m'estois desjà figuré que c'estoit en son honneur.

C'estoit à moi triple folie, puisque, après l'affliction que m'avoit causé mon amitié première, en raison du souvenir que j'en voulois guarder, j'avois fait serment de ne plus rien aimer que Dieu ; puisque je n'avois pas reveu Marguerite, c'estoit le nom de la fille, depuis l'heure où j'estois sorti de sa maison, puisqu'enfin, en supposant que le propos ne feut pas vanterie, il y avoit bien dans la ville de Dieppe et dans ses fausbourgs cent filles à qui pouvoit s'appliquer le compliment.

Mais, comme si j'eusse cédé à une volonté

plus omnipotente que n'estoit la mienne, je quittay la table et, prétendant le besoin d'aller au chasteau, je délaissay mes compagnons, je gasgnai au pied par un destour, traversay le Pollet, et, par le sentier de Braacquemont, j'arrivay au Clos-Mauduit de la route de Neufchastel, où je n'estois retourné depuis qu'elle m'avoit été si funeste.

Lorsque je vis entre les pommiers du closeau la maisonnette de Marguerite, l'isdée me vinst de rentrer au logis, mais j'avois beau me prescher, je cheminois toujours de ce costé.

J'avois veu deux fois son vieux père. En dernier lieu, et, après m'aveoir rendeu sauf, il m'aveoit desfendu sa maison davantage avec toutes sortes de menasses farousches, que j'astribuois à son appréhension que je ne fisse les yeux doux à la fillette.

Je n'affrontay donc pas la porte, dans la crainte que, de la complexion dont je le connoissois, il ne chastiast l'innocente, je fis le tour du courtil, qu'entouroit seulement une haie d'églantine, et l'ayant aperçeue qui se promenoit, et profitant de ce qu'elle se trouvoit en un endroit escarté dudit courtil, je sautay la closture et coureus à elle.

Les mensonges ne font point faute à qui aime peu ou prou, et on peut dire d'eux qu'ils sont l'apanaige de l'amour. Je contay à la fillette que ne pouvant dire mercy à son bourru de père, j'avois vouleu luy dire à elle pour ses bons soins et charitables offices; puis, sans davantage de préambule et comme si je n'eusse sceu trop me presser, tant la crainte d'estre presvenu par un autre me talonnoit, je luy fis tout doucettement l'aveu de mon amour.

La fille rousgit mais ne se fascha pas; cependant, je vis bien que ses yeux s'emplissoient de larmes, et comme je lui demandois ce qui la faisoit pleurer, elle me respondit que je ne debvois l'aimer, qu'une telle amitié apelleroit de grandes calamités sur ma tête, elle m'enpignit et me supplia de gasgner au large au plus vite, vu que d'instant en instant son père pouvoit descendre en le courtil.

Je ne laissai point que de demeurer quelque temps avec elle, lui respétant ce que desjà lui avois dit et je rentray tout troublé en la ville.

Mais le jour d'après je restournai au Clos-Mauduit, et j'y revins encore les jours suivants.

Quelques fois je ne la voiois pas, d'autres fois je voiois son père se promenant avec elle dans le courtil; d'autres fois, c'étoit le valet qui labouroit, ou la servante fesoit cueillette de légumes; j'estois contraint de me tenir coi et de me contenter de regarder de loin celle que jamais je ne me feusse lassé d'entretenir. Mais de temps en temps, aussy, elle estoit seule, et si bref que feut nostre déduict, il suffisoit pour me renvoyer plus enfiévré.

Et, en vérité, cette seconde folie succédant à la première la despassoit en véhémence. Vainement je me gourmandois moi-mesme; vainement je cherchois des forces dans les souvenirs de celle que j'avois tant pleurée, dans les prières que je fesois sur son tombeau je me prenois à penser à Marguerite.

Nonobstant, il s'en falloit qu'elle encourageast mon amitié pour elle. Plus cette amitié se manifestoit chaude et pressante, plus elle apportoit d'ardeur à implorer le renoncement que tout d'abord elle m'avoit demandé, et plus aussi elle m'apparoissoit elle-même, mélancholique.

Comme elle estoit sage, comme un jour que j'avois voulu lui ravir un simple baiser elle estoit entrée en grand courroux et que j'avois eu peine à en obtenir pardon, je ne songeois plus à mon cousin Paul et à sa mirifique conqueste.

Un soir néantmoins que j'étois attablé avec le sieur Valvins de Blignac, eschauffé par la boisson, et qu'il estoit jà tout joli garson, comme je me mocquois de luy et qu'en goguenardant je luy parlois de la belle amie de Paul et du vilain mestier que, si cela estoit vray, il auroit, luy, fait en cette occasion, il me respondit en clignant de l'œil que rien n'estoit plus véridique et que graces à ses bons offices, à l'heure qu'il estoit, mon cousin debvoit avoir les bonnes grâces de la plus belle fille que oncques on eust rencontrée.

Comme nulle ne me paroissoit en ce monde plus charmante que Marguerite, derechef je devins inquiet. Je le tourmentay de mes questions; il fist un peu la figue, mais comme à toutes les mauvoises qualités du susdit sieur de Blignac, on peut ajouter celle d'estre le plus grand bavard qui feust jamais, sa langue se deslia. Lors il me raconta que la fillette se monstrant intraictable et ne voulant ni pour or, ni pour amour rien accorder, d'après son conseil M. Paul Bertauld avait ascheté chez l'apothiquaire de la ville de la drogue qui fait dormir et que l'aiant remise au valet qu'il avoit guaigné, ce valet devoit le soir même la partager entre la maistresse et la servante; il ajouta encore que comme le père et le dit valet debvoient s'absenter cette nuict, comme la maison estoit isolée, la donselle seroit très-bien à l'absolue discrétion de mon cousin.

Je croi que si la grosse tour de l'église Saint-Jacques se fut escroulée sur ma teste, je n'eusse été aussi plein de terreur et d'espouvante que je ne le feus quant le sieur de Blignac eust dit.

Je perdis la parole et je ne voiois plus, je me levai ensuite si impestueusement qu'avec mon escabelle je jettay bas la tabble et les pots; mon espée et mon couvre-chef estaient sur un banc, je ne ramassay que l'espée et la tenant nue hors du fourreau, je me pris à courir comme un insensé à travers la cité.

Je ne sçays quel instinct me guidoit, mais dans la nuict noire j'allay aussi droit mon chemin que s'il eut esté plein midi, et je n'avois pas couru la moitié d'une heure que je vis comme une estoile à travers les pommiers du petit clos.

A l'idée que cette clarté pouvoit esclairer le deshonneur de la pauvre fille, je sentois mon cœur gonflé de tant de haisne et de rage que j'eusse tiré l'espée contre vingt au besoin.

Au moment où j'approchois de la maison, j'apperceus l'ombre d'un homme se glissant le long de la muraille. Je criay : Hola! L'homme prit la fuite, mais non si prestement que je ne l'eusse bientôt rejoint et recogneu que le sieur de Blignac ne m'avoit point menti et que celluy qui avoit prosjeté d'assaillir si laschement la fille endormie estoit bien mon cousin.

Je l'entraisnay à distance, et tout eschauffé de courroux et de douleur, je lui reproschay asmèrement sa conduite malhoneste et desloyale, lui représentant combien c'estoit crime de conduire à perdition une fille d'autant plus respectable qu'elle estoit pausvre et de petite condition, et qu'en lui ostant sa vertu on lui ostoit tout son bien.

Mon cousin baissoit la teste et tout penauld ne disoit mot. Toutesfois, s'il feut demeuré seul, je l'eusse sans aucun doubte amené à recipiscence, car ses vices estoient vices de jeunesse et de mauvoises cognoissances, mais l'arrivée du sieur Valvins de Blignac vint tout gaster.

Le dit sieur de Blignac, en me voïant m'échapper tout évaporé d'avec luy, avoit eu doutance de ce qui s'alloit passer, et comme les meschans ne sçauroient, sans deuil, voir desrouter leurs fascheuses entreprises, il estoit accouru en grande haste derrière moy.

Lors, changeant de gamme, je m'en pris à luy et luy esprimay avec une asme indignée ce que je pensois du rosle qu'il avoit rempli en la circonstance, luy disant encore que depuis six mois que monsieur Bertauld estoit en la cité, il s'estoit, lui, donné tasche de le mettre à mal, l'incitant en jeu, boisson, desbauches et toutes sortes de villenies.

Le sieur de Blignac respondit en gourmandant mon cousin d'avoir enduré telles remontrances, goguenardant suivant son habitude, et jurant que si j'estois fasché, c'estoit que j'avois moy-mesme des vues sur la belle; que je lui baillerois raison des propos que j'avois tenu sur son compte ou qu'il me les feroit rentrer en gorge; et sur ce, aiant mis l'espée à la main, il me chargea en criant à mon cousin de me charger de son costé, et que la fille seroit à qui feroit mieux.

Soit que l'amour lui eust tourné la cervelle, soit qu'il feut piqué des railleries et turlupinades du sieur de Blignac, monsieur Paul Bertauld n'eust pas de honte de tisrer le fer contre son parent et son amy, et de m'assaillir en mesme temps que le sieur de Blignac m'assailloit.

Je me desfendis de mon mieux, rompant pour guagner les arbres et couvert, mais, sur les entrefaites, le sieur de Blignac m'aiant porté une botte, d'une bonne estocade je le blessay si griefvement au poignet, que son espée tomba sur la terre, où, la couvrant de ma semelle, je peus m'en saisir, et m'en estant saisy, je la jetay au loin de là.

Monsieur Paul Bertauld, de son costé, avoit atrapé une estafilade et moy un coup de pointe dans l'espaule.

Lors, les deux compaignons me laissèrent et s'en furent en maugréant et en me disant que le demain il feroit jour et qu'on pourroit férailler sans risque de s'esborgner comme malandrins.

Les aiant veus partir je décidai nonobstant que resterois là toute la nuict tant j'avois crainte de ce sieur de Blignac, homme assez traistre et pervers pour adviser M. Paul Bertauld de metre à profict ma retraicte pour se revancher.

Sur le minuit, n'entendant toujours rien bouger en la maison et ce malgré le bruist qu'avions fait je commençay d'appréhender que ce maudit breuvaige n'eust tué et la fillette et la servante, et ce feut ce qui me perdit. Le larron valet avoit, suivant ses convenances avec M. Paul Bertauld, laissé la porte entrebayée, j'entray dans le logis et je gravis l'échelle qui menoit à la chambrette de la pauvre enfant.

Ici je le confesse avec grande honte et contrition, je perdis tout profict des sages advis, conseils et leçons dont j'avois presché M. Paul Bertauld. Quant je vis la fille dont j'estois enamouré, si belle et toute endormie sur son lict, ma vertu s'en alla comme fumée que le moindre vent balaye, je ne me monstrai ni plus retenu ni plus saige que luy n'eust esté et je ne craignis pas de commettre le crisme que j'avois si vertement tancé.

Que Dieu me pardonne en l'austre monde, puisque j'expie mon pesché en celui cy.

Le lendemain comme j'estois en mon logis le laquais de M. Paul Bertauld me vint trouver et me dist que son maistre m'attendoit sur la place du Puits-Salé.

Croiant qu'il me vouloit appeler je pris mon espée et suivis le laquais.

Il y avait grande affluence de peuple sur la dite place du Puits-Salé, et je fus très-estonné que M. Paul Bertauld eust choisy cet endroit pour nous entretenir ou nous entretuer, comme je l'avois desjà esté de cette fasçon de m'envoyer son cartel.

Mais M. Paul Bertauld quant je le rencontray ne me marqua ni fiel ni rancune de ce qui s'estoit passé la veille. Loin de là, il me tendit la main que je ne pris pas, me souvenant tousjours moy, qu'il s'estoit joinct au sieur de Blignac pour m'accabler.

Lors, me monstrant un eschafaud tout dressé au beau mitan de la place du Puits-Salé, il m'invista à regarder de ce costé ; ce qu'ayant fait je recogneus dans un homme qui atachait quelques garsons au pilori, mon hoste de la maisonnette du Clos-Mauduit, et père de ma maitresse ; ce mesme temps me disoit M. Paul Bertauld, qu'ayant sceu que sa belle estoit la fille de maistre Pierre Jouanne, maistre des hautes œuvres de la ville de Rouen et vicomté de Dieppe il me rendoit grâces de l'avoir prise pour moy, ne voulant aucune accointance de cœur ou de chair avec race de bourreau.

Pour le coup ce feut mon tour de le charger. Mais il y avait austour de nous telle multitude que presque aussitôt nous fusmes séparés et je rentray bien contri et cruellement affligé en mon logis.

Bien que maistre Pierre Jouanne m'eust pareu d'estrange humeur, aussy bien le jour qu'il avoit faict si singulières pronostications au sieur Valvins de Blignac et à moy, que cet autre jour, qu'après avoir pansé mes playes, il m'avoit chassé plus tost que renvoyé de sa demeure, je n'avois point imaginé qu'il pust exercer cet employ pour lequel je me sentois exécration et mespris.

Et ce pendant et en dépit de mon aversion pour le père, je me disois tacitement que c'estoit injuste de chastier la fille de ce qui n'estoit la conséquence que de ces hazards qui nous font naistre ou d'un roy ou d'un bergier ; que la beauté, que la vertu de la Marguerite, la fesoient bien plus digne de naistre sur les degrés d'un trosne qu'aux costés d'un eschafaud ; que ce seroit sottise de respudier une fillette si accorte et si aimée à cause de l'indignité de la profession de son austeur ; et puis, en mesme temps je me représentais mon crisme et pesché de la nuict et tout plain de honste et de remords, je pleurais comme un garsonnet.

Comme c'estoit l'heure d'aller au chasteau,

je sortis sans avoir pris aucun parti, ny pour ny contre.

Tout le long du Cours je me creu certain que mes cognoissances se destournoient de moy, et dedans le chasteau je vis très-bien que ces messieurs du régiment de M. de la Boissière me fesoient ce jour-là plus mince accueil qu'ils n'avoient coustume.

Comme oncques je n'avois lié de grande amitié avec personne, je ne m'en souciay que mesdiocrement, et les exercices estant accomplis, je m'en allai tout songeux.

Or il se trouva que n'aiant pas choisi ma rouste, ce pendant par la toute puissance de l'habitude j'avois prins celle que je prenois tous les jours, et sans m'en doubter je me trouvay de rechef vis-à-vis du Clos-Mauduit.

Marguerite estoit sur l'huis, elle m'avoit veu, et quant et mesme, j'eusse eu tentation de m'en restourner, que je n'avois pas, par civilité je ne le pouvois. Je vins donc à elle et la vis si fort paslie et dévisagée, que les remords qui desjà m'estreignoient, se changèrent en cruelles angoisses. Comme maistre Jouanne son père n'estant point quitte de sa besoigne, demeuroit encore en la cité, je me promenay avec elle dans le courtil sans oser quasi lui parler, mais si joieux d'estre près d'elle qu'aiant pris congé, je me dis qu'il seroit bien fol possédant si avenante amie, de m'en fairre quite par vain scrupule, et que si maistre Jouanne son père rompoit et escorchoit, il n'y avoit point goutelette de sang aux mains qu'elle m'avoit permis de baiser.

Et de fait y retournay le jour du lendemain et les suivants, et tous ces jours, et bien que point davantage que dans le passé, elle ne me permist de privautés, et que moy je n'osasse me targuer de ce que j'avois desrobé comme un larron, mon amitié pour elle grandit si fort que toute fille de bourreau qu'elle estoit, je l'aimois ne plus ne moins que si elle eust esté fille de royne et m'engardois de penser à la profession et mestier de son père.

Il advint sur les entrefaites que le sieur Valvins de Blignac estant restabli et guéry de son estocade se mist à gouspiller sur moy par toustes sortes de vilenies et de menteries, si bien qu'un jour que j'estois allé aux exercices, ces messieurs faisant mine de ne me point voir, ne me tirèrent pas seulement leur chappeau.

Je rentrai fort courroucé au mien logis, ou mon laquais m'aprit la part que le sieur Valvins de Blignac avait à ma desconvenue, car il n'estoit bruit que de ce dans le régiment et moy, seul estoit à l'ignorer par conséquence de la vie de solitude et de retraite que je menois. Voulant sur l'heure appeler le sieur Valvins de Blignac, je me mis en recherche et queste d'un second.

Mais tous ceux à qui je m'adressay me respondoient : non, tout à tracq, sans vouloir me bailler aucunes raisons bonnes ou mauvaises de leurs refus et jusqu'aux simples cornettes qui ne prissent tant seulement la peine de déguizer l'ennuy que leur causoit semblable proposition.

Je pensois bien que ce seroit en allant à celuy mesme qui estoit l'auteur de cette émotion que j'aurois satisfaction des bruits mensongers par lui respandus et je me mettois en route pour requérir l'aide de quelque gentilhomme citadin, lors que mon laquais vint me quérir de la part de monsieur le marquis de la Boissière qui sur l'heure m'appeloit près de luy.

Je me rendis à son logis où je trouvai le dist monsieur le marquis de la Boissière en véhément courroux et grande colère, lequel me cria avec force imprecations, que, non content d'avoir desjà transgressé et de vouloir transgresser encore les ordonnances et prohibitions du Roy notre sire, touchant le duel, je déshonorois le régiment par mes sales amours avec la propre fille du bourreau; et de suite, sans me bailler le temps de respartir seulement une parosle, il accola de très-odieuses épithètes le nom de la pauvre fille, la qualifiant de tels mots que je n'ose encore les respéter par piété pour sa mémoire.

Ce qu'entendant, mon très-irascible tempérament s'eschauffa et me fist riposter si aigrement à celui à qui devais grandement respect pour l'aage et la qualité, que monsieur le marquis de la Boissière m'enjoignit de vider sa chambre et guarder les arrets au chasteau jusqu'à ce qu'il eust escrit au Roy ma conduiste.

Moy, ne me possédant plus, je sortis mon espée, et la ploiant sur mon genou, je la rompis en luy disant qu'il pouvait s'empescher d'escrire au Roy pour me descharger de ma commission de lieutenant, car en rentrant chez moi je deschirerais cette commission de mes mains, comme de mes mains j'avois rompu mon espée.

Je partis lors, mais ne sejournay point en mon logis de crainte d'y estre apprehendé par les gens de monsieur le marquis de la Boissière. Je ramassay quelque argent que j'avois, je mis le harnois à mon cheval, et sautant en selle je sortis de la ville en grande haste.

J'avois desjà resolu de guagner du pays du costé du nord et de m'embarquer dans quelque port ou hâvre pour les Indes d'Occident, où je m'employerais à mon ancien estat de marin. Ce pendant, je ne voulois partir si loin sans avoir dit asdieu à mon amie. Je conservois l'espoir de la decider à partager mon sort en un pays ou nul ne cognoitroit le vilain mestier de son père. Afin de la resoudre à s'en venir avec moy, j'estois desterminé à lui confesser comment, sans qu'elle s'en doubtast, et par une criminelle action, je m'estois rendu maistre d'elle.

Si tost hors des murailles, je picquay droit à la mestairie du Clos-Mauduit. Je fus tout surpris de ce que les fenestres de la salle fussent noires, car il estoit loin d'estre tard. Ce ne feust qu'en estant tout proche que je vis des traits de lumière qui passoient à travers les disjoinctures de la porte d'une sorte de hangar joignant la maison, et en mesme temps je creus ouïr comme un gémissement qui venoit de ce hangar.

Bien que pas très-facile à l'espouvante, il me souvient que mes chairs trembloient et frissonnoient comme feuilles au vent. J'avois attaché mon cheval à un tronc d'arbre; je m'accotay contre la dite porte; je mis mon œil sur la fente la plus disjoincte, et, à ce que je vis, mes cheveux se guindèrent tous droits sur ma teste.

Marguerite, mon aimée Marguerite estoit ployée sur le lict de cuir qui sert à bailler la question; son bourreau de père, plus semblable à un tigre qu'à un homme, luy avoit chaussé le brodequin du tourment ; de sa propre main de père. il heurtait d'une mailloche le coin tout rousgi d'un sang qui estoit celui de son enfant ; et, à chaque heurt, il lui disoit avec une enragée colère : Confesse, confesse ; et la pauvrette, se rejetant en arrière avec force larmes et crys d'angoisse, prenoit tous les saints du paradis et Dieu à témoin de son innocence.

Je ne vis cette cruausté que pendant la moitié d'une minute, car j'avois desjà ramassé une poustrelle qui se trouvoit là, et Dieu me prestant une force que je ne m'estois jamais cogneüe, d'un seul coup j'avois fait vosler la porte en esclats, comme eût fait un pestard d'artillerie.

En me recognoissant, maistre Jouanne jeta loin de lui sa mailloche, et empoignant la grande espée qui lui servoit à décapiter les gentilshommes, il ne me menassa point, mais la brandissant autour de la teste de sa fille, il fist un affreux serment que si seulement je bousgeois pour la secourir, il jeteroit incontinent cette teste en bas des espaules qui la portoient. Je tombai à genoux criant et gémissant comme tout à l'heure crioit et gemissoit la pauvre Marguerite. Lors, maistre Jouanne, m'aiant demandé ce qui m'amenoit chez lui, si je lui apportois le nom du séducteur que vainement il imploroit de sa fille par le tourment, je lui confessay ma faulte, lui démonstrant que moy seul estois le coupable et non point son enfant très sainte et très vertueuse.

Ce qu'aiant entendu ce maistre Jouanne si féroce et si cruel, se prosterna devant le lit du tourment, fondant en larmes ; il osta le brodequin ès jambes de sa fille et prenant douilletement la dite jambe toute bleuïe et meurtrie entre ses mains, il en baisoit les playes, il en rajustoit les deschirüres en implorant d'elle mercy et pardon avec tant de douloureux émoy que son désespoir eût tiré pleurs d'une roche. Puis en mesme temps se lamentoit sur la fascheuse condition des misérables en ce monde, et disant que Dieu debvoit faire filles pauvres, laisdes et espouvantables, puisque vertu et chasteté ne les garantissoient point de la concupiscence des nobles et puissans.

M'avançant, je lui fis part de mon project de

quitter ma patrie et lui desclarai que m'esloignant, je prendrois volontiers Marguerite comme femme et comme espouse.

Maistre Jouanne se monstra plus remué que n'avoit esté jusques là, mais il feut ferme et se détournant vers sa fille, il lui dist que c'estoit à elle à respondre. Tout de suite la fillette prist ces mains qui l'avoient si durement violentée et mise à sang, elle les baisa en disant que son père n'aiant qu'elle toute seule pour consolation et pour soutien en sa vie très solitaire elle ne le quiteroit point, quant bien mesme je lui offrirois le trosne de ces Indes où je la voulois conduire.

Maistre Jouanne embrassa sa fille bien onctueusement et me monstra la porte en s'escriant qu'il estoit boureau, mais non pas assassin, qu'en ce jour il ne me tueroit pas, mais que je me guardasse de reparoistre en la ville ou la constrée si tenois à la vie.

Et ainsi m'en allois la tête basse et le cœur bien deschiré; quant mon pied touscha le seuil de la porte j'entendis desrière moy un grand sanglot et m'estant restourné, je vis

Marguerite pasmée en les bras de son père. Je coureus à elle. Maistre Jouanne me respoussa encore très-rudement. Voiant lors, au désarroi de la fille que son âme estoit aussi marrie que la mienne de cette séparation et recognoissant qu'elle m'aimoit austant que je pouvois l'aimer, rien plus ne sçavoit me descider à partir. Je dis donc au père de me donner Marguerite pour espouse et que nous nous en irions tous trois en quelque constrée lointaine où nous pourrions vivre ignorés.

Mais ma proposition ne l'agréa pas plus que ses devancières. Il me respondit que ce tardif et inneficace changement de mestier n'empescheroit point son gendre de le mespriser et de faire partager ce mespris à son enfant; que celle cy ayant fait abandon de volonté à son profict elle ne deviendroit mienne que si mon amitié estoit assez puissante pour affronter le partage de la haine et de l'opprobre qui estoient leur apanaige à tous les deux. Que sans vergogne j'avais pollué la fille du boureau, et que je ne sçaurois resparer ma faulte qu'en devenant boureau comme luy.

Ici se termine le manuscrit de mon aïeul.

Il ne donne pas plus la conclusion de son aventure qu'il n'avait donné le récit des incidents qui l'avaient précédée.

Colombe et Marguerite avaient probablement laissé dans son cœur deux plaies, toujours saignantes, auxquelles il ne touchait qu'avec douleur et répugnance.

Les dénoûments de ces deux passions, poussées jusqu'au délire, furent inégalement; mais tous les deux funestes.

Il épousa Marguerite Jouanne.

Je trouve dans le procès-verbal d'une exécution faite à Rouen, la preuve que le farouche maître Jouanne exigea de son gendre qu'il accomplît rigoureusement les conditions de leur marché.

Ce procès verbal relate : « Qu'aiant à rompre le nommé Martin Eslau, maistre Pierre Jouanne, exécuteur des hautes œuvres, aiant forcé son gendre, nouvellement marié, à porter un coup de barre au patient, le dict gendre tomba en pamoison et fust couvert de huées par la foule. »

Ce bonheur, que Charles Sanson avait acheté

si cher, devait passer comme un songe. Marguerite le quitta bientôt pour un monde meilleur, après lui avoir donné un fils ; elle mourut de cette maladie qu'on appelle la consomption, et dont le siége est bien plus dans l'âme que dans le corps.

En poursuivant chronologiquement notre récit, nous retrouverons le chevalier de Blignac et Paul Bertaut ; ils devaient rencontrer une fois encore Charles Sanson en ce monde, et cette rencontre nous fournira le complément de l'histoire personnelle de mon aïeul.

VI

ARRIVÉE A PARIS

C'est à la fin de l'année 1685 que mon ancêtre Charles Sanson de Longval quitta la Normandie, où il laissait les cendres de cette Marguerite Jouanne qu'il avait épousée avec une si funeste dot.

Tous les événements dont je viens de faire le tragique récit, avaient presque ébranlé sa raison; il était sans cesse en proie à une humeur sombre, inquiète, qui ajoutait à l'aspect sinistre que lui donnait la profession à laquelle il s'était résigné.

A Rouen, on s'écartait avec terreur sur son passage; on se montrait de loin cet homme vieilli avant l'âge, qui portait sur toute sa personne les traces d'une existence ravagée. La plupart ignoraient pourtant les orages qui avaient si profondément bouleversé cette existence; mais il suffisait d'en connaître le résultat, de pouvoir dire à la vue de Charles Sanson : c'est le bourreau! pour que tous, hommes, femmes et enfants reculassent épouvantés.

Mon ancêtre fut donc fort aise d'échapper à cette triste notoriété, en même temps qu'il abandonnait des lieux remplis de souvenirs si cruels et si déchirants pour lui. Il accepta avec empressement la proposition qui lui fut faite de venir à Paris et d'échanger sa juridiction provinciale contre celle de la capitale du royaume. Le moment était solennel. Le chancelier Letellier venait de mourir en laissant les sceaux au président Boucherat, qui passait pour un homme doux et d'une intégrité irréprochable. Le marquis de Bullion, un parfait gentilhomme, était depuis peu installé dans la charge de prévôt de la ville. La magistrature se renouvelait aux deux extrémités de l'échelle sociale : après le chancelier de France et le prévôt de Paris, c'était le bourreau.

Le long retentissement des morts subites qui avaient décimé, sur les marches du trône, la famille royale; les procédures mystérieuses de la Chambre Ardente, cette cour prévôtale du grand règne, à l'occasion du poison subtil ressuscité des Borgia qu'on avait appelé *la poudre de succession*, tout cela venait de s'éteindre, et rien n'eût troublé le calme de l'horizon si un acte des plus impolitiques n'eût préparé à notre pays, malheureusement trop habitué aux querelles religieuses, une nouvelle ère de calamités. Je veux parler de la révocation de l'Edit de Nantes.

Il ne m'appartient point de porter un jugement sur ce retour à une intolérance qui avait déjà allumé et entretenu si longtemps chez nous le fléau de la guerre civile. Des plumes plus autorisées que la mienne ont traité et résolu cette grave question. Je constaterai seulement le contre-coup que cet événement devait avoir dans la sphère exceptionnelle où Sanson de Longval se trouvait relégué : je laisserai donc de côté les faits trop connus sous le nom de Dragonnades, de Massacres des Cévennes, etc., pour arriver de suite aux rigueurs qui devaient être exercées par le ministère de l'exécuteur. En effet, une déclaration du Roi portait les peines les plus sévères contre les malades qui refuseraient de recevoir les sacrements, en alléguant qu'ils appartenaient à la religion réformée. Il y était dit qu'en cas de guérison, ces hérétiques seraient condamnés à l'amende honorable, aux galères perpétuelles et à la confiscation de leurs biens, et qu'en cas de mort, le procès serait fait à leurs mémoires pour que leurs cadavres fussent traînés sur la claie et jetés à la voirie.

Une autre déclaration édictait les mêmes peines contre les réformés qui tenteraient de quitter la France et ceux qui leur en faciliteraient les moyens. Enfin on enjoignait sous menace de confiscation de leurs biens, à tous les protestants émigrés ou réputés tels, de rentrer en France dans le plus bref délai, et on accordait une récompense de mille livres à quiconque dénoncerait ou ferait avorter un projet d'émigration.

J'ai hâte d'ajouter que ces excès du fanatisme suivirent mais ne précédèrent point la résolution de mon ancêtre d'accepter l'office d'exécuteur à Paris; sans cela il fût resté à Rouen. Il est bon de dire aussi que ces fulminations terribles, ces pénalités posthumes, restèrent à l'état de fictions légales; on les avait employées plutôt comme moyen d'intimidation, qu'avec le dessein bien arrêté d'y donner suite. Je ne trouve dans les papiers laissés par Sanson de Longval aucune trace de sentences pareilles qu'il ait eu à exécuter.

Si de véritables persécutions furent exercées à cette époque contre les Protestants, ce fut plutôt dans quelques provinces qu'à Paris, et quant à la prime d'encouragement offerte à la délation, il paraît que, comme toujours, elle trouva chez nous peu d'amateurs, car, malgré l'étroite surveillance de la police, l'émigration eut lieu sur tous les points du royaume, en nous enlevant une bonne partie de notre noblesse, et toute la fleur de cette riche bourgeoisie, qui sous l'impulsion de Colbert, avait commencé à fonder l'industrie et le commerce du pays.

D'autres circonstances attristèrent aussi, indépendamment de ces préoccupations, les premiers moments du séjour de Sanson de Longval à Paris. A son arrivée, il avait dû habiter au Pilori des Halles, que le peuple désignait sous le nom de l'hôtel du bourreau. Rien n'était moins propre qu'une telle demeure à dissiper la mélancolie qui le rongeait. C'était, en effet, une sombre construction octogone, surmontée d'une lanterne en bois, tournant sur un pivot, et terminée en clocheton aigu. J'ai raconté déjà, en faisant l'historique des différents supplices, comment les criminels condamnés à la peine du Pilori, étaient attachés dans cette lanterne, où on leur tournait successivement la face vers les quatre points cardinaux. On se souvient que ces sortes d'expositions avaient habituellement lieu les jours de marché, pour qu'un plus grand concours de populaire y assistât et pût ajouter par ses huées et ses sarcasmes à l'humiliation éprouvée par le patient.

Devant ce singulier édifice s'élevait une croix, aux pieds de laquelle les banqueroutiers devaient venir déclarer qu'ils faisaient cession de leurs biens; après quoi ils recevaient le bonnet vert des mains de l'exécuteur de justice. Tout autour, étaient des boutiques que ce dernier louait à son profit. Enfin les communs se composaient d'une écurie et d'un appentis, en forme de hangar, où l'on gardait la nuit les corps des suppliciés, en attendant leur inhumation.

C'est sous ce singulier appentis, qu'à l'aspect des victimes de sa farouche mission, de ces cadavres livides auxquels il donnait une dernière et funeste hospitalité, le chef de ma famille se sentit mordre au cœur d'une étrange ambition. Si, à force de donner la mort, il pouvait surprendre les secrets de la vie; si, avant de faire jeter à la voirie, comme on le lui commandait, toute cette dépouille humaine, il l'interrogeait, substituant au glaive qui tue, le scalpel qui fouille, qui sonde les mystères de l'organisme, pour en tirer des inductions utiles au soulagement des souffrances humaines, et à cette grande lutte de la vie contre la mort, qui est le vœu irrésistible de la nature!....

Cette pensée s'empara profondément de son esprit, et certes, la nuit où il commença à la mettre à exécution, il ne dut pas se sentir moins ému qu'André Vésale surmontant les scrupules religieux de son époque et osant le premier violer le respect de la mort, pour allumer le flambeau de l'anatomie.

Mon ancêtre entra aussi courageusement dans cette voie. En vain la sueur perlait à son front; en vain le grincement de la girouette qui se balançait au faîte du clocheton le faisait tressaillir, lorsqu'il portait la main sur ces cadavres muets et glacés : il s'affermissait par la réflexion et, croyant trouver, au contraire, dans de patientes, de pénibles études, une sorte d'absolution à sa mission homicide, seul, à la pâle lueur d'un flambeau fiché dans la muraille du hangar, il poursuivait le cours de ses laborieuses investigations.

Ses recherches ne demeurèrent point stériles; nous avons conservé de lui de curieuses observations sur le jeu des muscles et des articulations, et plusieurs recettes contre les affections de cette partie de l'organisme.

L'étude de l'anatomie et la manipulation de certains remèdes se sont, du reste, perpétuées dans ma famille. Aucun de nous ne s'en est abstenu; et nous avions entre autres un baume dont l'efficacité était souveraine contre les douleurs les plus invétérées.

On ne sera pas médiocrement surpris lorsque dans un des volumes suivants, je citerai les cures de malades qui nous avaient été adressés, en désespoir de cause, par des princes de la chirurgie. J'ai les preuves à l'appui.

Nous vendions ces remèdes très-cher, je le confesse, à l'aristocratie et aux personnes riches; mais nous les donnions gratuitement aux pauvres. Cela faisait compensation.

Je reviens à Sanson de Longval. L'habitation du Pilori, située au milieu d'un marché bruyant, populeux et entourée de boutiques qui en faisaient partie intégrante, ne lui parut ni assez discrète pour ses travaux, ni assez recueillie pour sa situation d'esprit. Elle offrait d'ailleurs un autre inconvénient non moins grand ; c'était de là que les jours de marché, dès le matin, à l'heure de l'ouverture, les préposés à la perception du droit de havage, partaient et circulaient pour prélever ce droit sur toutes les denrées qui y étaient soumises ; c'était là qu'ils en rapportaient les produits. Cette double opération ne s'accomplissait pas sans soulever des difficultés continuelles. Beaucoup de marchands n'acquittaient qu'avec peine un impôt qui leur répugnait, plutôt par sa destination que par son importance. Au milieu du tumulte et de l'agitation du marché, les préposés ne pouvaient employer d'autres moyens pour reconnaître ceux qui avaient satisfait à leur réclamation, que de les marquer d'un signe sur leurs vêtements avec de la craie blanche. Cette marque devenait un sujet de raillerie, presque d'injure, de la part des marchands qui étaient exempts de l'impôt, ou même des simples consommateurs qui venaient s'approvisionner aux halles. C'était aussi, on en conviendra, un mode de comptabilité un peu élémentaire, et qui devait laisser le champ libre à bien des contestations. Aussi en éclatait-il à chaque instant entre les cultivateurs et les préposés. Ces derniers, sûrs de l'appui de l'autorité, n'apportaient peut-être pas dans l'exercice de leurs fonctions toute la modération nécessaire, car j'ai souvent entendu dire dans ma famille que le proverbe, *insolent comme un valet de bourreau*, n'avait d'autre origine que leurs fréquentes altercations avec les marchands.

Au siècle précédent, les choses étaient allées si loin que l'exécuteur, Laurent Bazard, devint la victime des colères amassées contre les agents. Un jour qu'il était monté dans le Pilori pour y faire les apprêts d'une exposition, la foule se rua en un clin d'œil, avec des fascines allumées, autour de l'édifice, qui fut bientôt la proie des flammes. Lorsqu'on vint un peu tardivement pour éteindre l'incendie et délivrer Laurent Bazard, on trouva ce dernier brûlé vif. Une information eut lieu, mais elle ne fit découvrir qu'un seul coupable ; c'était un boulanger, nommé Lostière, celui, sans doute, qui avait fourni les fascines. Il fut pendu par le successeur de Bazard.

Toutes ces considérations déterminèrent Sanson de Longval à quitter sa maison du Pilori, puisque sa charge ne l'obligeait pas à y résider. Il y avait alors à Paris un quartier presque désert, qu'on appelait la Nouvelle-France ; c'est l'emplacement qu'occupe aujourd'hui une partie du faubourg Poissonnière. Si nous n'avions assisté depuis quelques années à de si étonnantes transformations dans le sein de la capitale, nous aurions peine à croire que le quartier où nous voyons actuellement de superbes hôtels, de belles églises, un hospice monumental, les gares de deux de nos plus grandes lignes ferrées, fut, il y a moins de deux siècles, une grande suite de terrains vagues où l'on n'apercevait que quelques habitations clair-semées, fort éloignées les unes des autres. La pieuse maison des continuateurs de l'œuvre de saint Vincent de Paul, et une modeste église dédiée à sainte Anne, s'élevaient seules au milieu de cette solitude. Aujourd'hui l'église est une brasserie, et l'asile des missionnaires, une prison.

C'est à la Nouvelle-France, à côté de l'église Sainte-Anne, que Charles Sanson vint fixer sa demeure après avoir loué la maison du Pilori 600 livres, ce qui était une forte somme pour l'époque. Nous verrons plus tard comment ma famille s'établit définitivement dans ce quartier et ne le quitta plus. Il n'y a que moi qui l'ai abandonné, lorsqu'après ma révocation je voulus rompre avec tous les souvenirs du passé.

Les premières années de l'arrivée de Charles Sanson de Longval à Paris, n'offrent rien de bien remarquable jusqu'au procès et à l'exécution de madame Tiquet, qui seront l'objet du chapitre suivant. Ce n'est pas que je ne trouve auparavant plus d'une page ensanglantée dans nos annales domestiques; mais hélas! il faut en convenir, le crime même a son aristocratie, et j'intéresserais infiniment moins mes lecteurs au récit du supplice de quelques malfaiteurs inconnus et obscurs, qu'aux détails authentiques que je puis donner sur celui de cette jeune femme, dont tout Paris s'occupa vers la fin du dix-septième siècle. Son procès dont le dénouement fut encore bien plus tragique, n'eut pas moins de retentissement à l'époque, que celui de madame Lafarge, de nos jours.

Pour arriver plus tôt à cet épisode dramatique, je passerai donc rapidement sur les victimes des premières exécutions. Aussi bien toutes ces scènes sanglantes étaient identiques, et en retracer le tableau, ce serait multiplier des horreurs inutiles.

Presque tous les arrêts de mort étaient rendus par une chambre du Parlement appelée chambre de la Tournelle. C'était elle qui statuait sur la requête des condamnés qui faisaient appel des sentences du Châtelet et autres juridictions du ressort du Parlement. Les formes judiciaires étaient brèves et sommaires. Lorsqu'un accusé persistait à nier le crime qu'on lui imputait, le plus souvent la cour ordonnait la question préparatoire, et on tâchait de lui arracher par d'horribles souffrances l'aveu qu'il refusait. Dans d'autres circonstances, la culpabilité ayant paru démontrée par des preuves suffisantes, la chambre de la Tournelle, en rendant l'arrêt de mort, ajoutait que le condamné, avant d'être conduit au supplice, subirait la question ordinaire et extraordinaire pour faire connaître ses complices, s'il en avait.

Cette besogne de tourmenteur ne rentrait heureusement pas dans les attributions de l'exécuteur, elle était déléguée à des officiers spéciaux qualifiés de questionnaires. Un de mes grands-oncles en fut investi, car il semble que dans ma famille on ait été réduit à cumuler toutes ces infamies. Il en a laissé des récits qui font dresser les cheveux sur la tête. Je vais en donner, une fois pour toutes, la substance.

Le jour où l'arrêt devait recevoir son exécution, le principal commis du greffe criminel, accompagné d'un huissier de la place du Châtelet, se rendait dans la chambre de la question : c'était une vaste pièce, sombre, pour qu'on n'y vît pas distinctement les physionomies et hermétiquement close pour empêcher les cris de retentir au dehors. Le condamné y était ensuite amené; on le faisait mettre à genoux et on lui lisait à haute voix sa sentence. Ensuite il était saisi, lié et étendu par le tourmenteur sur un chevalet. A ce moment entraient deux conseillers au Parlement, commissaires délégués pour l'interroger.

Aussitôt l'interrogatoire commençait. Entre chaque demande, c'était une torture nouvelle infligée au patient; on lui serrait les membres dans un étau; on lui déchirait les chairs, on lui broyait les os. A quoi bon ménager ce corps qui le soir allait être un cadavre?

Aux sommations réitérées qu'on lui faisait d'avoir à déclarer ses complices, le malheureux ne répondait le plus souvent que par des cris de douleur et des sanglots. Plusieurs périssaient dans ces affreux tourments; on calculait ce qu'il leur restait de forces pour souffrir, et maintes fois on se trompait dans cet odieux calcul.

Les plus robustes ne pouvaient résister à cette barbare épreuve au delà d'une certaine limite. Lorsqu'une mousse sanglante montait à leurs lèvres, que la sueur de l'agonie coulait sur leurs tempes livides, on se hâtait de les desserrer et de les étendre sur un matelas. Cela arrivait presque toujours au huitième brodequin.

Voilà ce qu'était encore, à la fin du XVII⁰ siècle, le dernier jour d'un condamné. Le soir on livrait à l'exécuteur ce qui restait encore de cette créature humaine. Le greffier et l'huissier accompagnaient ce débris jusqu'au lieu du supplice, le sommaient une dernière fois de nommer ses complices, puis se retiraient après l'avoir salué solennellement. Je trouve qu'il y avait quelque chose de sinistre dans ce salut, de plus sinistre encore que l'*ave, Cæsar, morituri te salutant*, des martyrs.

Alors c'était le tour de l'exécuteur. Il lui fallait achever une œuvre de destruction si bien commencée : rompre avec une barre de fer les articulations de ces membres mutilés, et attacher à une roue ce cadavre anticipé, la face tournée vers le ciel, jusqu'à ce qu'il expirât. Pourquoi donc la face tournée vers le ciel? Etait-ce pour qu'il pût élever jusque-là un cri de vengeance contre la cruauté humaine?

J'ai hâte de le dire : un bien petit nombre de monuments nous sont restés de ces procédures monstrueuses qu'on a peine à croire si peu éloignées de nous; mais tous portent la trace de la contrainte que s'imposaient les hommes chargés d'exécuter de pareilles barbaries. Si, au bas des quelques procès-verbaux de questions que nous avons encore, la main défaillante du torturé ne peut plus tracer que des caractères illisibles qui semblent autant de taches de sang, celle du juge, celle du greffier ne sont ni plus fermes, ni plus assurées. On voit qu'à un moment donné, une espèce de fièvre s'est emparée de tous les acteurs de cette scène horrible, que celui qui interroge n'entend plus, que celui qui écrit, laisse courir convulsivement la plume sur le papier, sans pouvoir former des lettres. L'émotion produit chez eux le même effet que la souffrance chez la victime. Disons-le donc bien haut pour la consolation de l'humanité, n'accusons que les institutions et jamais les hommes. Parmi les esclaves de la loi, j'ai toujours senti que j'avais trop besoin d'indulgence et de pitié, moi-même, pour mesurer parcimonieusement ces sentiments aux autres.

Les annales judiciaires n'ont point conservé

les noms des huissiers qui n'étaient, du reste, que les obscurs comparses de ces drames sanglants, mais pour les vingt dernières années du xviie siècle, elles nous présentent presque sans interruption un nommé Claude Amyot comme y assistant journellement, en qualité de greffier. Il faut convenir que l'existence de ce malheureux offrait bien quelque ressemblance avec celle d'un exécuteur.

Les conseillers, plus nombreux, pouvaient alterner dans l'accomplissement de leur douloureuse mission de commissaires interrogateurs, et ils la remplissaient à tour de rôle. On voit le plus souvent figurer parmi eux M. Tiquet, dont je vais avoir à parler dans le chapitre suivant, MM. Lambert d'Herbigny, Barberie, etc. Ce dernier est le seul qui paraisse conserver au milieu de ces scènes déchirantes, le calme et la liberté d'esprit du magistrat; sa signature, d'une grande écriture allongée est toujours nette et parfaitement tracée.

Je n'en dirai point autant des notes que Sanson de Longval a laissées sur ses premières exécutions. On reconnaît aisément que toutes ont été écrites dans un désordre d'esprit et de cœur qui faisait trembler sa main. Elles offrent, je le répète, peu de particularités intéressantes et ne varient point dans les détails; c'est donc uniquement dans un but de fidélité à l'ordre chronologique, qu'avant d'arriver à Madame Tiquet, je mentionnerai rapidement avec la date de leur exécution, quelques victimes tombées avant elle sur le champ du supplice. Ce sont: en 1685, Claude Vaultier, rompu vif pour assassinat suivi de vol. — Le 11 février 1688, Jean Nouis fils, pour crime semblable. — Le 18 mai 1689, François Manniquin, pour faux témoignage; ce malheureux avait à peine vingt et un ans, et pendant le procès il avait prétendu n'en avoir que dix-sept, espérant par sa jeunesse attendrir ses juges. — Le 21 janvier 1690, Gabrielle Henry, femme de Jacques Piedeseigle, aide major du comte de Chamilly, convaincue du crime d'assassinat. — Le 26 septembre 1691, Urbaine Attibard, femme de Pierre Barrois, âgée de trente-cinq ans, qui ayant empoisonné son mari, fut condamnée à faire amende honorable, avoir le poing coupé, être pendue et étranglée jusqu'à ce que mort s'en suive; son corps brûlé et les cendres jetées au vent. — Et enfin le 16 décembre 1693, Claire Lermenet, femme de Michel Cloqueteur, servante de cuisine chez M. de Breteuil, mise à mort, après des tortures inouïes, pour vol domestique.

Je termine ici cette triste nomenclature de victimes obscures. Il est temps d'en venir à une de ces femmes séduisantes, que le ciel n'avait point formées pour le crime et qui y arrivent par une pente si fatale, que lorsqu'il s'agit de les juger, on reste suspendu entre l'horreur et la pitié qu'elles inspirent.

VII

PROCÈS ET EXÉCUTION DE MADAME TIQUET

Au commencement de l'année 1699, un événement étrange produisit une sensation profonde à Paris et y devint bientôt l'aliment de toutes les conversations. Un magistrat fort estimé, M. Tiquet, conseiller au Parlement, venait d'échapper comme par miracle à un audacieux complot ourdi contre sa vie. Après avoir essuyé le feu d'une bande d'assassins apostés sur son passage, il était tombé sanglant et presque inanimé sur le pavé de la rue, non loin de son hôtel, et, sans la précipitation avec laquelle son valet de chambre, qui avait entendu le bruit des détonations, était accouru à son secours, il est probable qu'il n'eût pas survécu à ce criminel attentat.

On fut fort étonné d'apprendre que M. Tiquet, dans le pitoyable état où il se trouvait, s'était obstinément refusé à se laisser transporter chez lui et avait préféré l'hospitalité d'une dame de ses amies, Madame la comtesse de Villemur, à celle de son propre hôtel, où il devait pourtant s'attendre à rencontrer les tendres soins de sa femme et de deux enfants qu'il avait eus déjà de son union avec elle.

Cette conduite, au moins singulière, eût donné lieu à des interprétations peu favorables pour la moralité du conseiller, s'il n'eût couru tout aussitôt des bruits beaucoup plus graves qui venaient en fournir une bien plus terrible explication. On sut que Madame Tiquet, à la nouvelle de l'attentat, était accourue chez madame de Villemur pour demander à voir son mari, mais que celui-ci avait refusé de la recevoir, et enfin qu'il avait répondu au premier magistrat délégué près de lui pour commencer une enquête sur le crime, qu'il ne se connaissait pas d'autres ennemis que sa femme.

Il n'en fallait pas davantage pour éveiller l'attention et la curiosité de cette population parisienne qui, à toutes les époques, s'est montrée friande des mystères de l'alcôve et des secrets du foyer domestique. Bientôt l'histoire de M. et de madame Tiquet fut dans toutes les bouches, et voici ce qu'on racontait :

Angélique Nicole Carlier (Madame Tiquet) était née à Metz en 1657. Son père, riche imprimeur-libraire de cette ville, avait laissé en mourant une fortune de plus d'un million qui ne devait se partager qu'entre elle et un frère plus âgé. Orpheline à quinze ans, elle n'avait eu d'autre tutelle que celle de son frère qui l'avait fait élever dans un couvent. Lorsqu'elle entra dans le monde, c'était une jeune personne accomplie, parée de toutes les séductions. Sa beauté était remarquable, son esprit et son éducation ne laissaient rien à désirer ; tout semblait donc lui présager une haute et brillante destinée.

Elle ne tarda pas, en effet, à être recherchée en mariage par une foule de prétendants, parmi lesquels se trouvaient de fort beaux partis. Mais, soit embarras du choix, soit que son cœur n'eût pas encore parlé, Angélique fut longtemps avant de se prononcer. Cette hésitation devint favorable à M. Tiquet, qui s'était mis sur les rangs : grâce à sa position de conseiller au Parlement, qui flattait l'amour-propre de la jeune fille, il finit par l'emporter sur ses concurrents. Le nom plébéien de Pierre Tiquet indiquait suffisamment qu'il devait plutôt son haut rang dans la magistrature à son mérite qu'à sa naissance ; mais à cette époque où les mésalliances étaient moins nombreuses qu'elles ne le furent dans le siècle suivant, l'ambition de de mademoiselle Carlier ne pouvait guère s'élever au dessus d'un pareil mariage.

Ajoutons que M. Tiquet n'obéissait pas seulement à une inclination de son cœur, mais voyait encore dans cette union une double satisfaction au point de vue des convenances et de sa situation financière dans laquelle le patrimoine d'Angélique rétablirait un équilibre depuis longtemps troublé. Pour arriver à son but, le digne conseiller n'avait donc ménagé ni la persévérance ni la diplomatie. Il avait eu le grand art de gagner à sa cause deux précieux auxiliaires : le frère aîné qui avait élevé Angélique, et une tante maternelle, qui n'était pas sans influence sur l'esprit de la jeune fille. Avec leur concours énergique, il parvint à triompher de la secrète répugnance qu'il inspirait à cette dernière, moins peut-être à cause de sa physionomie grave et peu attrayante, de ses manières raides et compassées, que de son âge qui dépassait déjà les bornes d'une honnête maturité, et de son nom passablement vulgaire.

Les conseils de sa tante et de son frère, et la perspective d'être la femme d'un conseiller au Parlement de Paris, l'emportèrent donc sur les répulsions instinctives d'Angélique, et elle se décida à accepter la main de M. Tiquet.

On disait que ce dernier, pour hâter ce

dénoûment, s'était résigné à un héroïque effort de magnificence qui avait dû singulièrement coûter à la nature parcimonieuse qu'il révéla depuis. Le jour de la fête d'Angélique, il lui avait offert un magnifique bouquet de fleurs mêlées de diamants et de pierreries, valant au moins quinze mille livres (environ 45,000 francs de notre monnaie). Pour se livrer à un pareil mouvement de générosité, M. Tiquet avait dû, non-seulement faire violence à son caractère, mais encore puiser dans la bourse de quelques-uns de ses amis.

De tout temps le cœur des femmes fut sensible aux bijoux, et la délicate attention du conseiller ne contribua peut-être pas médiocrement à l'heureux succès de son intrigue matrimoniale.

La lune de miel dura près de trois ans. Deux enfants, un garçon et une fille, vinrent resserrer les liens de cette union dont jusqu'alors rien n'avait troublé le bonheur domestique.

Néanmoins, madame Tiquet avait des goûts fastueux; elle tenait un grand train de maison avec équipages, nombreux domestique, etc.

Enfin, elle avait ouvert un salon où se réunissait une société brillante, quoiqu'un peu mélangée.

Son mari, qui ne possédait, de son côté, que sa charge, et avait contracté des dettes assez considérables pour arriver à cette union, faisait de temps en temps à sa jeune femme quelques timides et amicales observations sur ses goûts de dépense. Bien entendu, elle n'en tint aucun compte et n'en continua que de plus belle.

Les admonestations d'abord tendres, puis fermes et ensuite impérieuses de son mari, ne firent aucune impression sur elle. Tout au contraire, elle passa insensiblement de l'estime à l'indifférence; de l'indifférence à la colère et et enfin bientôt à l'aversion.

Son frère, sans s'en douter, avait fortement concouru à ce changement des sentiments d'Angélique à l'égard de son mari. Il avait introduit chez elle un jeune officier de ses amis, M. de Montgeorges, capitaine aux gardes françaises. Ce dernier, jeune, beau, d'une stature imposante et d'une figure martiale, doué de manières élégantes, formait avec le morose époux de madame Tiquet, un contraste qui éveilla enfin le cœur de la jeune femme. Les tracasseries intérieures qu'elle subissait journellement ne la rendirent que plus accessible à la passion qui s'emparait d'elle. Bientôt madame Tiquet n'eut plus rien à refuser à Montgeorges, et si quelque chose pouvait excuser une telle faute, c'est qu'elle n'eut jamais que cette passion, et qu'au milieu même de sa vie dissipée, elle y fut fidèle jusqu'à la mort.

C'était une *Indiana* du grand siècle, bien avant que Georges Sand n'eût créé ce singulier type de la femme supérieure, longtemps comprimée sous le joug d'un mari hargneux et jaloux.

Madame Tiquet n'eut pas la précaution, à l'instar des prudes de son temps, de faire mystère de ses amours. Elle en vint à ce point de passion exaltée où la femme s'abandonne tout entière, sans souci du monde et de ses lois. Le vieux conseiller, malgré l'aveuglement qu'on représente comme une grâce d'état, fut instruit par la renommée de l'inconduite de sa femme, car le bruit s'en était déjà répandu dans tout Paris.

Grand fut son étonnement et grande aussi fut sa fureur. Il débuta par éconduire Montgeorges et supprimer les réceptions de Madame. Ce coup d'Etat d'autorité conjugale n'était guère de nature à rétablir la bonne harmonie dans le ménage. Angélique jura qu'elle ne se soumettrait jamais au nouveau genre de vie que voulait lui imposer son mari, et que tous ses efforts tendraient à secouer ce joug abhorré. Il lui semblait d'autant plus facile d'y parvenir qu'elle était mariée sous le régime dotal. Elle trouva malheureusement dans ce même frère et cette même tante qui l'avaient précipitée dans une union si mal assortie, des auxiliaires tout dévoués.

Par suite de leurs démarches, une meute de créanciers impitoyables s'acharna à la poursuite de Tiquet et obtint contre lui sentences sur sentences auprès du Châtelet. Il ne fut question de rien moins que de vendre son hôtel.

Madame Tiquet profita de cette occasion pour demander judiciairement sa séparation de biens.

Le mari, de son côté, ne resta pas inactif. Il se plaignit des nombreuses et éclatantes infidélités de sa femme, apitoya sur son sort ses confrères du Parlement, et finit par obtenir, par l'entremise du premier président, M. de Novion, une lettre de cachet contre Angélique.

A partir de ce moment il se crut maître de la situation et voulut tenir à l'épouse infidèle un langage plus haut et plus ferme encore que celui qu'il avait tenu jusque-là.

Il lui enjoignit donc de se montrer plus soumise à l'avenir, si elle tenait à sa liberté, de ne jamais chercher à revoir le beau capitaine, et de suspendre toute procédure en séparation. Angélique, irritée, s'arma d'une incroyable énergie de résistance. Elle fit d'amers reproches à son mari sur l'espionnage qu'il avait organisé autour d'elle, en établissant de basses connivences avec ses domestiques.

La scène fut des plus violentes. M. Tiquet poussé à bout leva triomphalement en l'air sa lettre de cachet et jura qu'il allait en faire usage. Angélique, presque aussi forte que son mari et beaucoup plus souple et plus agile, s'élança sur lui et lui arracha sans peine le papier, qu'elle jeta au feu.

On ne saurait se faire une idée du désappointement et de la rage de M. Tiquet ainsi mystifié.

Il fit de vaines démarches pour obtenir une seconde lettre de cachet. Les grands personnages auxquels il s'adressa et parmi lesquels figurait M. de Mesmes, plus tard premier président, n'accueillirent ses doléances qu'avec des refus et une hilarité mal contenue.

Cette aventure rendit M. Tiquet la risée de la ville et de la cour. Sa femme, de son côté, n'en poursuivait pas avec moins de persistance sa demande en séparation de biens, que le Châtelet finit par lui adjuger. Mais ce n'était pour elle qu'une satisfaction incomplète ; ce qu'elle voulait par dessus tout c'était recouvrer sa liberté et briser à jamais la chaîne d'une union qui lui était devenue odieuse. Ce serait alors qu'elle aurait pris le parti de se défaire de son mari afin de le remplacer par Montgeorges qu'elle continuait de voir en secret. Elle confia ce projet à son portier, Jacques Moura, qu'elle gagna à cet affreux projet. On accusait aussi de complicité dans cette trame, Claude Desmarques, soldat au régiment des gardes; Philippe Langlet, dit Saint-Germain, et Claude Roussel, tous deux domestiques de la dame Tiquet; Jeanne Lemmerault et Marie-Anne Lefort, femme de chambre; Jean Desmarques, pauvre gentilhomme, ci-devant employé dans les gabelles du Poitou; Jeanne Bonnefond, fille débauchée (maîtresse du conseiller Tiquet); Madeleine Millotet, veuve de Léon, écuyer, dite la Chatelain, chez qui demeurait la Bonnefond; Marguerite Lefèvre, cuisinière de madame Tiquet; Jean Loiseau, son cocher; Marie Briarche, femme de Réné Chesneau Grandmaison, soldat dans la compagnie des grenadiers de Mongeorges; Grandmaison Seigneure, neveu de ce dernier, et trois autres individus que la justice n'avait pu saisir.

Le soir fixé pour l'accomplissement du crime, toutes ces personnes auraient été apostées sur le passage de Tiquet, qui n'avait aucun soupçon des dangers qu'il courait; mais au dernier moment, le cœur faillit à Angélique, et, soit remords, soit crainte de trahison, elle aurait donné contre-ordre et chacun se serait retiré chèrement payé de son silence.

Tiquet, quoique plaidant contre sa femme, n'en était que plus jaloux. Soupçonnant à bon droit la fidélité de son portier, Jacques Moura, il le chassa après l'avoir accablé de reproches et de menaces; et ne voulant plus confier ce poste délicat à personne, il descendit, lui, grave magistrat, chef d'une grande maison, jusqu'à se faire portier de son propre hôtel, veillant lui-même à la porte, ne l'ouvrant qu'à des gens bien connus, emportant la clef quand il sortait et la cachant pendant la nuit sous son oreiller.

Cette inquisition minutieuse et cette claustration presque absolue, exaspérèrent madame Tiquet, et ne firent que l'affermir dans l'idée fixe de se débarrasser de cette insupportable tyrannie. Elle crut un jour saisir l'occasion favorable. Le vieux conseiller malade gardait la chambre; sa femme tout à coup pleine de sollicitude, lui fit porter par son valet de chambre un bouillon qu'elle avait elle-même préparé; mais cet intelligent serviteur, ayant deviné le dessein de sa maîtresse, fit semblant de faire un faux pas, laissa tomber sa tasse, demanda son congé et sortit. Il ne fit aucune indiscrétion. Tiquet ne sut rien de cette machination avortée. Dès lors sa femme revint à ses idées premières d'assassinat.

On faisait grand bruit d'une conversation qu'elle avait eue avec une de ses amies, la veuve du comte d'Aunay. Elle était entrée un jour fort émue chez cette dame, qui lui demanda la cause de son trouble :

— Je viens de passer deux heures avec le diable, répondit-elle ;

— Vous avez eu là vilaine compagnie.

— Quand je dis que j'ai vu le diable, je veux dire une de ces fameuses devineresses qui prédisent l'avenir.

— Que vous a-t-elle dit?

— Rien que de flatteur. Elle m'a assuré que dans deux mois je serais au-dessus de mes ennemis, hors d'état de craindre leur malice. Vous voyez bien que je ne puis pas compter là-dessus, puisque je ne serai jamais tranquille pendant la vie de M. Tiquet qui se porte trop bien pour que je compte sur un si prompt dénoûment (1).

Après cette conversation, elle rentra chez elle, où elle passa toute la soirée en compagnie d'une autre de ses amies, madame la comtesse de Sénonville, que M. Tiquet avait cru devoir exempter de l'interdiction qui pesait sur presque toutes les anciennes connaissances de sa femme.

Le même soir, M. Tiquet, de son côté était chez madame la comtesse de Villemur, qu'il voyait beaucoup, et qui habitait un des hôtels voisins. Il venait de se retirer et avait à peine fait quelques pas dans la rue, que plusieurs coups de feu tirés sur lui partirent à la fois. Il tomba atteint de cinq blessures, dont aucune, fort heureusement, ne se trouva mortelle. On sait le reste.

Le lendemain de cet attentat, afin d'essayer de détourner les soupçons qui commençaient à se porter sur elle, madame Tiquet, qui avait dû passer une nuit cruelle, se leva de bonne heure,

(1) Textuel.

et eut encore assez d'empire sur elle-même pour ne manifester aucun trouble, ni dans son visage ni dans ses manières. Elle se rendit comme d'ordinaire chez madame d'Aunay, avec qui elle avait eu l'entretien rapporté plus haut. La première question de celle-ci fut de demander si M. Tiquet avait soupçon des assassins.

— Quand bien même il les connaîtrait, repartit Angélique, il n'aurait garde de les nommer. Ah! ma chère amie, c'est moi qu'on assassine aujourd'hui.

La comtesse s'efforça de la calmer en lui soutenant qu'une si odieuse accusation ne saurait jamais remonter jusqu'à elle.

— On ferait bien mieux, ajouta cette généreuse amie, de s'assurer du portier que votre mari avait chassé. Peut-être est-ce lui que la vengeance a poussé à cette méchante action.

Ces paroles furent un trait de lumière pour madame Tiquet; elle comprit de suite tout le parti qu'elle pouvait tirer pour sa défense du renvoi de Jacques Moura, qui, en plusieurs circonstances avait exhalé le plus grand mécontentement contre son ancien maître, et s'était laissé emporter à de terribles menaces.

Plus rassurée, elle résolut d'attendre les événements et fut sourde aux avis qui lui arrivaient de toutes parts. On la pressait de se mettre en sûreté.

Un moine théatin parvint jusqu'à elle et lui offrit de faciliter sa fuite en l'affublant d'une robe de cet ordre, qui lui permettrait de sortir de son hôtel sans être reconnue. Une chaise de poste l'attendrait à Calais, où elle pourrait s'embarquer pour l'Angleterre.

Plus d'une semaine s'écoula sans qu'Angélique voulût se rendre à de si prudents conseils. Les consciences coupables sont frappées de vertige; c'est pourquoi le crime reste si rarement impuni.

Néanmoins, malgré son apparente sécurité, madame Tiquet était rongée de mortelles inquiétudes. Le lendemain de la démarche du théatin elle reçut la visite de la comtesse d'Aunay, qui, convaincue de son innocence, lui resta fidèle jusqu'à la fin. Au moment où cette dame allait se retirer, elle la retint en lui disant :

— Restez donc. J'ai un vilain pressentiment : quelque chose me dit qu'on va venir m'arrêter, et si cela arrivait je serais bien aise de vous avoir près de moi.

Elle avait à peine achevé que le lieutenant-criminel entra suivi de plusieurs archers. Cette apparition, qui aurait glacé toute autre, ne sembla point la déconcerter.

— Vous auriez pu, Monsieur, lui dit-elle, vous épargner une escorte aussi nombreuse. Je n'avais garde d'opposer la moindre résistance à l'ordre qui va me priver de ma liberté, et si j'avais eu l'intention de prendre la fuite je n'aurais pas attendu jusqu'à présent.

Elle pria le magistrat de faire apposer les scellés dans son appartement, et demanda à faire ses adieux à son fils. On lui amena cet enfant, qui était à peine âgé de huit à neuf ans. Elle l'embrassa en versant quelques larmes.

— Mon pauvre enfant, lui dit-elle, on vous ravit votre mère. Mais rassurez-vous, cette séparation ne sera pas de longue durée. La calomnie sera bientôt démasquée, et je pourrai encore vous serrer dans mes bras.

Après ce touchant entretien, elle monta dans la voiture du lieutenant-criminel, et conserva pendant tout le trajet un calme et une sérénité d'esprit inconcevables. En passant sur le marché des Innocents, elle salua, avec sa grâce accoutumée, une personne de sa connaissance qu'elle venait d'apercevoir.

Madame Tiquet avait été d'abord conduite au Petit-Châtelet ; elle ne tarda point à être transférée au Grand. Le procès s'instruisit avec une rapidité inaccoutumée. L'arrestation était à peine connue, qu'un nommé Auguste Cathelain vint spontanément déclarer que, trois ans auparavant, Jacques Moura, l'ancien portier, lui avait remis de l'argent, de la part d'Angélique, sous la condition d'assassiner M. Tiquet.

Par suite de cette dénonciation, Jacques Moura et le dénonciateur lui-même furent arrêtés. Ils subirent plusieurs interrogatoires et furent confrontés avec la principale accusée. Malgré d'actives recherches, on ne put trouver aucune preuve qu'ils fussent les auteurs de la dernière tentative d'assassinat ; mais ils s'en trouva de nombreuses de la machination du premier complot. Chose étrange! c'est celui-là qui était resté en quelque sorte à l'état de projet, puisque un contre-ordre en avait empêché l'exécution, qui devint la base de la condamnation.

Sanson de Longval, de même qu'il avait recueilli tous les bruits que j'ai commencé par résumer, avait suivi avec angoisse toutes les phases de la procédure, car il ne prévoyait que trop qu'elle préparait de la besogne à son terrible office. Ce fut donc avec douleur qu'il apprit un des premiers, le 3 juin 1699, qu'une sentence du Châtelet, en date de ce jour, « condamnait Angélique-Nicole Carlier, femme Tiquet, à avoir la tête tranchée en place de Grève; Jacques Moura, l'ancien portier, à être pendu; leurs biens confisqués, et à prendre sur iceux dix mille livres au profit du roi, et cent mille livres de réparation, dommages et intérêts envers Tiquet, dont la jouissance lui était adjugée sa vie durant et la propriété à ses enfants. »

Cette sentence, dont je viens de rapporter

textuellement les dispositions, causa un grand émoi, bien qu'on sentît que ce n'était point le dernier mot du procès. En effet, M. Tiquet interjeta appel devant le Parlement, en se fondant sur ce que la sentence n'adjugeait à ses enfants qu'une somme de cent mille livres, chargée de l'usufruit à son profit; il concluait aussi à ce que, outre cette somme, on lui adjugeât celle de quinze mille livres, à laquelle sa femme serait condamnée solidairement avec les autres accusés.

Le Parlement ne fut point sourd à la requête d'un de ses membres. Par un arrêt rendu le 17 juin, au lieu de quinze mille livres, il en adjugea vingt à Tiquet, et confirma la sentence du Châtelet, dans la plupart de ses autres dispositions.

Auguste Cathelain, le délateur officieux, fut condamné aux galères perpétuelles, et les autres accusés renvoyés hors de cause. Cet arrêt fit une grande sensation. On trouvait que le Parlement avait trop cruellement vengé l'honneur de sa robe. En définitive, M. Tiquet était guéri de ses blessures; il n'avait point succombé à l'attentat commis sur sa personne, il n'y avait point de preuves, du reste, que celui-ci fût l'œuvre d'Angélique ou de ses complices. Elle n'était donc condamnée que pour le premier complot qui, comme on sait, n'avait même pas reçu un commencement d'exécution, puisque, au moment suprême, elle avait éprouvé cet instant de repentir, qui suffit à la justice de Dieu, mais ne désarme malheureusement pas celle des hommes.

Et puis, faut-il le dire, madame Tiquet était belle, distinguée, spirituelle et du meilleur monde : ses amours avec Montgeorges, auxquelles le procès avait donné un fâcheux retentissement, cette union disproportionnée avec un vieillard à qui elle avait été sacrifiée dès son jeune âge, tout contribuait à la rendre intéressante. Les esprits s'apitoyèrent grandement en sa faveur. Dans toutes les classes de la société on faisait des vœux pour elle, et on espérait que la clémence royale épargnerait cette touchante victime.

On sut en effet que M. Tiquet lui-même était allé avec ses deux enfants à Versailles se jeter aux pieds de Louis XIV. Ne pouvant obtenir ni la grâce de sa femme, ni aucun adoucissement à son sort, il se retrancha alors sur la confiscation des biens, et en sollicita le profit pour lui.

Le roi y consentit. La cupidité dont le vieux conseiller faisait preuve en cette circonstance, comme à l'époque où il avait interjeté appel devant le Parlement, acheva de le rendre odieux et d'attirer par conséquent un intérêt d'autant plus vif sur sa femme.

Le frère de cette dernière n'était pas non plus resté inactif. Grâce à de grandes relations, il avait pu faire intervenir les plus hauts personnages pour demander la grâce de sa sœur. Louis XIV eût peut-être cédé s'il n'avait été affermi dans son inflexibilité par le cardinal de Noailles, archevêque de Paris, qui semblait pressentir le relâchement des mœurs du règne suivant et voulait le prévenir par des exemples salutaires.

Dès lors tout espoir était perdu. Mon ancêtre n'avait plus qu'à attendre le moment où il aurait à immoler cette nouvelle victime de l'égarement des passions humaines; ce moment ne tarda point à venir.

L'exécution n'avait pu avoir lieu le jour de la Fête-Dieu; on la remit au lendemain de cette pieuse solennité. On n'avait point achevé d'enlever les tentures des reposoirs quand Sanson de Longval arriva sur la place de Grève pour y faire dresser l'échafaud et placer le billot. Une foule immense contemplait d'un œil morne ces doubles préparatifs qui formaient un si cruel contraste.

Pendant ce temps-là, madame Tiquet était dans la chambre de la question, où, devant le lieutenant-criminel, on lui faisait lecture de son arrêt, qu'elle entendit sans pâlir et avec résignation.

Le lieutenant-criminel, Deffita, était un des anciens adorateurs d'Angélique: il avait peine à contenir son trouble, et cependant il crut devoir lui adresser d'une voix émue quelques paroles d'exhortation :

— Madame, lui dit-il, vous venez d'entendre un arrêt qui vous met dans un état bien différent de celui où vous avez été. Vous étiez dans un rang honorable, les plaisirs auxquels vous vous abandonniez vous rendaient la vie délicieuse. Vous voilà dans le sein de l'ignominie et à la veille de subir le dernier supplice. Il faut, Madame, que vous rappeliez toute votre fermeté pour avaler ce calice humiliant mais salutaire, et que vous disiez avec le roi prophète : j'accepte ce calice de salut, *calicem salutis accipiam*. Vous devez vous jeter entre les bras de Dieu en invoquant son saint nom comme le même prophète : *Nomen Dei invocabo*. Lui seul peut vous aider à porter le poids de votre croix et mêler de la douceur à l'amertume de votre calice. Après tout, le supplice que vous allez souffrir n'est qu'un passage qui ne vous paraîtra pas affreux dès que vous considérerez qu'il vous conduit à une vie meilleure (1).

La pauvre femme ne put s'empêcher de faire un amer rapprochement entre le temps où elle avait vu ce magistrat soupirer à ses pieds et celui où il n'était que trop autorisé par la cir-

1) Textuel.

constance à lui tenir un langage aussi sévère.

— Il est vrai, répliqua-t-elle, non sans une pointe d'ironie, que je suis aujourd'hui bien déchue; mais, puisque vous n'avez point oublié les beaux jours que vous avez eu la bonté de me rappeler, vous devez savoir, Monsieur, que jadis ce ne sont pas les hommages qui m'ont fait défaut.

— Je ne suis point, reprit-elle au bout d'un instant, effrayée de mon supplice. Le jour qui terminera ma vie terminera aussi mes malheurs. Je ne brave point la mort; mais j'espère la subir avec résignation, et Dieu me fera peut-être la grâce de conserver sur l'échafaud autant de calme que j'en ai montré sur la sellette et dans cette enceinte, où je viens d'entendre la lecture de mon arrêt.

Le lieutenant-criminel l'adjura de nouveau d'avouer son crime et de révéler ses complices : on voulait lui épargner les horreurs de la question. Il semblait qu'on eût peur d'abîmer une si charmante créature.

Elle se refusa d'abord nettement à faire aucun aveu. Mais après avoir bu le premier pot d'eau et devant les apprêts des autres supplices, elle se décida à tout avouer. Intérrogée si Mont-Georges avait trempé dans le crime :

— Grand Dieu ! s'écria-t-elle, je n'aurais eu garde de lui en faire confidence : c'eût été m'exposer à perdre son estime, qui m'était plus chère que la vie.

Elle fut aussitôt remise entre les mains de l'abbé de la Chétardie, curé de Saint-Sulpice, son confesseur. Il monta avec elle sur la fatale charrette, où se trouvait déjà Jacques Moura, l'ancien portier, accompagné aussi d'un ecclésiastique.

Ce funèbre cortége défila lentement à travers des flots pressés de spectateurs jusqu'à la place de Grève, où il eut beaucoup de peine à fendre la foule. Madame Tiquet, suivant l'usage, était entièrement vêtu de blanc, ce qui relevait encore l'éclat de la splendide beauté qu'elle avait conservée malgré ses quarante-deux ans et les épreuves par lesquelles elle venait de passer. Lorsqu'elle aperçut cette multitude qui était accourue de tous côtés pour la voir, qui remplissait la place, les rues adjacentes et jusqu'aux toits des maisons, une vive rougeur colora son visage. Pour la première fois peut-être elle éprouva un mouvement de honte. Son confesseur voulut en profiter pour toucher cette âme, qu'il ne trouvait pas encore assez pénétrée d'un véritable repentir.

— Madame, lui dit-il en contenant avec peine les larmes que cette infortune lui arrachait, regardez le ciel où vous devez entrer; buvez ce calice amer avec le même courage que Jésus-Christ, qui était aussi innocent que vous êtes criminelle, but le sien. Un si grand modèle et une si grande récompense de votre résignation à la volonté de Dieu doivent vous faire soutenir tout le poids de l'ignominie. Que les objets que vous voyez par les yeux de la foi vous dérobent ceux que vous voyez par les yeux du corps. Admirez la bonté de Dieu à travers ses sévérités, et après tout il ne s'agit pour vous que d'un instant d'ignominie. Est-ce trop acheter le ciel (1)?

Ce pieux langage rendit quelque assurance

(1) Textuel.

à Angélique : elle releva sa coiffe qu'elle avait tenue jusque-là modestement baissée sur ses yeux et embrassa d'un rapide regard cette foule qu'elle n'avait pas encore osé fixer.

Le sinistre char arrivait à peine sur la place de Grève, qu'un violent orage éclata : une pluie mêlée de grêle, d'éclairs et de tonnerre tomba par torrents, sans qu'aucun des nombreux spectateurs accourus de si loin, songeât à lâcher pied. On fut obligé de différer l'exécution. Pendant une demi-heure que dura cette averse, Angélique eut sous les yeux tout l'appareil du supplice et une voiture de deuil attelée de ses propres chevaux, qui, devait remporter sa dépouille mortelle, réclamée par sa famille.

Sanson de Longval rapporte qu'une aussi longue attente fut un des plus cruels moments qu'il ait eus à passer. Ses yeux se portaient involontairement sur cette femme jeune encore, radieuse de beauté, naguère entourée d'hommages, dont son impitoyable glaive allait faire un hideux cadavre. Par une étrange hallucination il lui prêtait les traits de cette Colombe et de cette Marguerite qui avaient chacune une sépulture dans son cœur : toute sa vie passée se retraçait à son esprit en y creusant un sillon de douleur et d'angoisses.

Pendant ce temps, Angélique causait affectueusement avec son compagnon de supplice ; elle le priait de lui pardonner d'avoir été la cause de sa mort en l'entraînant au crime ; elle l'exhortait au repentir et à la résignation. Jacques Moura, fondant en larmes, tombait à ses pieds :

— Chère maîtresse, lui disait-il d'une voix entrecoupée par les sanglots, c'est moi seul qui suis coupable ; c'est ma funeste complaisance qui nous a perdus tous les deux. Cette mort n'est rien pour un pauvre homme comme moi ; mais vous, si belle, si bonne, qui deviez être si heureuse, périr d'un tel supplice ! Ah ! c'est affreux !

Le fatal moment était venu : Jacques Moura devait être exécuté le premier. Avant de se livrer aux aides de mon ancêtre, il s'agenouilla encore devant Angélique :

— Oh ! ma bonne maîtresse, fit-il en joignant les mains, dites-moi encore que vous me pardonnez et je mourrai consolé.

Trop émue pour parler, elle fit un signe d'assentiment en agitant doucement son mouchoir. Les deux confesseurs pleuraient à chaudes larmes. Un instant après, Jacques Moura avait cessé de vivre.

C'était le tour d'Angélique. Elle s'avança, comme une autre Marie Stuart, saluant gracieusement mon ancêtre, et lui tendant la main pour qu'il l'aidât à gravir les degrés de l'échafaud. Il prit avec respect cette main que la mort allait glacer. Alors madame Tiquet monta lentement l'escalier avec cette démarche imposante et majestueuse qu'on avait toujours admirée en elle. Arrivée sur l'estrade elle se mit à genoux, fit une courte prière, puis se tournant vers son confesseur :

— Monsieur, lui dit-elle avec effusion, je vous remercie de vos consolations et de vos bonnes paroles, je vais porter le tout au Seigneur.

Elle accommoda alors sa coiffe et ses longs cheveux, puis après avoir baisé le billot, elle dit à mon ancêtre en fixant sur lui ses beaux yeux :

— Monsieur, voulez-vous bien avoir la bonté de me dire dans quelle attitude je dois me mettre ?

Sanson de Longval, troublé par ce regard, eut à peine la force de lui indiquer qu'elle devait seulement poser sa tête sur le billot.

Angélique s'y plaça d'elle-même, et quand ce fut fait, elle dit encore :

— Suis-je bien comme ceci ?

Un nuage passa sur les yeux de mon ancêtre ; il souleva des deux mains la lourde épée à double tranchant qui servait aux décapitations, lui fit décrire une sorte d'arc dans l'espace, et la laissa retomber de tout son poids sur le col de cette belle victime.

Le sang jaillit, mais la tête ne tomba point.

Un cri d'horreur s'éleva dans la foule.

Sanson de Longval frappa de nouveau. Cette fois comme la première, on entendit un sifflement dans l'air, et le bruit du glaive qui retentissait sur le billot ; mais la tête ne s'était point détachée. Il sembla aux personnes les plus rapprochées que le corps avait frémi.

Les hurlements de la multitude devenaient menaçants.

Aveuglé par le sang qui jaillissait à chaque coup, Charles brandit pour la troisième fois son arme meurtrière et l'abattit avec une sorte de frénésie.

Enfin la tête d'Angélique vint rouler à ses pieds.

La justice des hommes était satisfaite, comme disent les journaux judiciaires. Je voudrais bien savoir ce qu'en pense la justice de Dieu.

Les aides ramassèrent cette tête; car, pour mon ancêtre, il s'était enfui dans l'état d'exaspération et de délire où le jetaient toutes les exécutions. On la laissa quelque temps sur le billot la face tournée vers l'Hôtel-de-Ville. et plusieurs témoins du supplice ont affirmé qu'elle avait conservé jusque dans la mort sa noblesse et sa beauté.

. . . .
. . . .

Le soir du même jour un officier aux gardes françaises parcourait seul les allées les plus sombres et les plus écartées du parc de Versailles; il fut tout surpris de se voir découvert dans cette retraite par le roi lui-même, suivi d'un groupe de courtisans.

— Capitaine Montgeorges, dit Louis XIV, je ne vous avais jamais soupçonné, mais je n'en suis pas moins ravi que la malheureuse femme dont nous avons dû laisser faire justice ce matin ait scellé de son sang le témoignage de votre innocence ; que me demandez-vous ?

— Un congé de huit mois, sire, pour aller voyager hors du royaume.

— Accordé, dit le roi en se retirant et en faisant signe aux courtisans de le suivre pour laisser Montgeorges livré à sa douleur.

FIN DU TOME PREMIER.

TABLE DU TOME PREMIER

	Pages
INTRODUCTION	5

COUP-D'ŒIL HISTORIQUE SUR LES SUPPLICES

AVANT-PROPOS	27
I. La Dégradation	33
II. Le Pilori et le Carcan	41
III. L'Amende honorable	45
IV. La Flagellation	51
V. Les Mutilations	61
VI. Supplices suivis de mort	73
VII. Les Épreuves judiciaires	133
VIII. La Torture ou Question	147
IX. L'Exécuteur	161

MÉMOIRES DES SANSON

I. Origine de ma famille	205
II. Charles Sanson de Longval	225
III. L'Horoscope	259
IV. Le Clos-Mauduit	31
V. Manuscrit de Charles Sanson	345
VI. Arrivée à Paris	377
VII. Procès et Exécution de madame Tiquet	399

FIN DE LA TABLE.

www.ingramcontent.com/pod-product-compliance
Lightning Source LLC
Chambersburg PA
CBHW050915230426
43666CB00010B/2173